Christian Ebener,

Jahrgang 1981, entdeckte schon sehr früh zwei Leidenschaften
für sich: Geländefahrzeuge und das Reisen durch unberührte,
weite Landschaften. Nach einer begonnenen Ausbildung zum
KFZ-Mechaniker übte er anschließend den Beruf des Forstwirtes
aus und versuchte so, seinen Interessen im Berufsalltag zu begegnen.
Im Alter von zwanzig unternahm er seine erste Individualreise
mit Zelt und Campingkocher in einem alten, aber frisch restaurierten Jeep. Danach folgten mindestens jährlich weitere Touren:
entweder im Allradfahrzeug oder mit Wanderstiefeln und Kanu,
aber immer auf der Suche nach ursprünglichen Lebensräumen.
Seit 2009 hat er sich konsequent der Leidenschaft des Indivi-
dualreisens verschrieben: Er konstruiert und baut freiberuflich
Fernreisefahrzeuge auf Land Rover Defender Basis – für Gleich-
gesinnte.

Christian Ebener

Vier Quadratmeter Freiheit

Als Dachzelt-Nomaden durch den Nahen und Mittleren Osten

Eine Abenteuerreise im Defender durch die Türkei, nach Iran,
die Vereinigten Arabischen Emirate,
Oman, Saudi Arabien, Jordanien und Israel

Stock
und Stein
Verlag, Krefeld

Das Umschlagfoto entstand in Mussandam/Oman am 19.12.2013 beim Durchqueren des Küstengebirges.

Das Bild auf der Buchrückseite wurde am 24.11.2013 ca. 300 km nordwestlich von Bandar Abbas/Iran aufgenommen.

Einige Namen wurden aus Gründen des Persönlichkeitsschutzes geändert.

"Vier Quadratmeter Freiheit" ist in der Deutschen Nationalbibliothek verzeichnet.

Taschenbuch-Erstausgabe
1. Auflage 2016, 2. Nachdruck

by   Stock und Stein Verlag Krefeld
        Susanne Goertz
        Raderfeld 30b
        47807 Krefeld
        www.stockundsteinverlag.de

Gesetzt in Times New Roman
Fotos: Christian Ebener, Anja Wiedemann
Grafik: Christian Ebener
Umschlaggestaltung, Lektorat und Satz: Susanne Goertz
                        www.extratour-media.de

ISBN 978-3-9817174-1-9
www.stockundsteinverlag.de

Inhalt

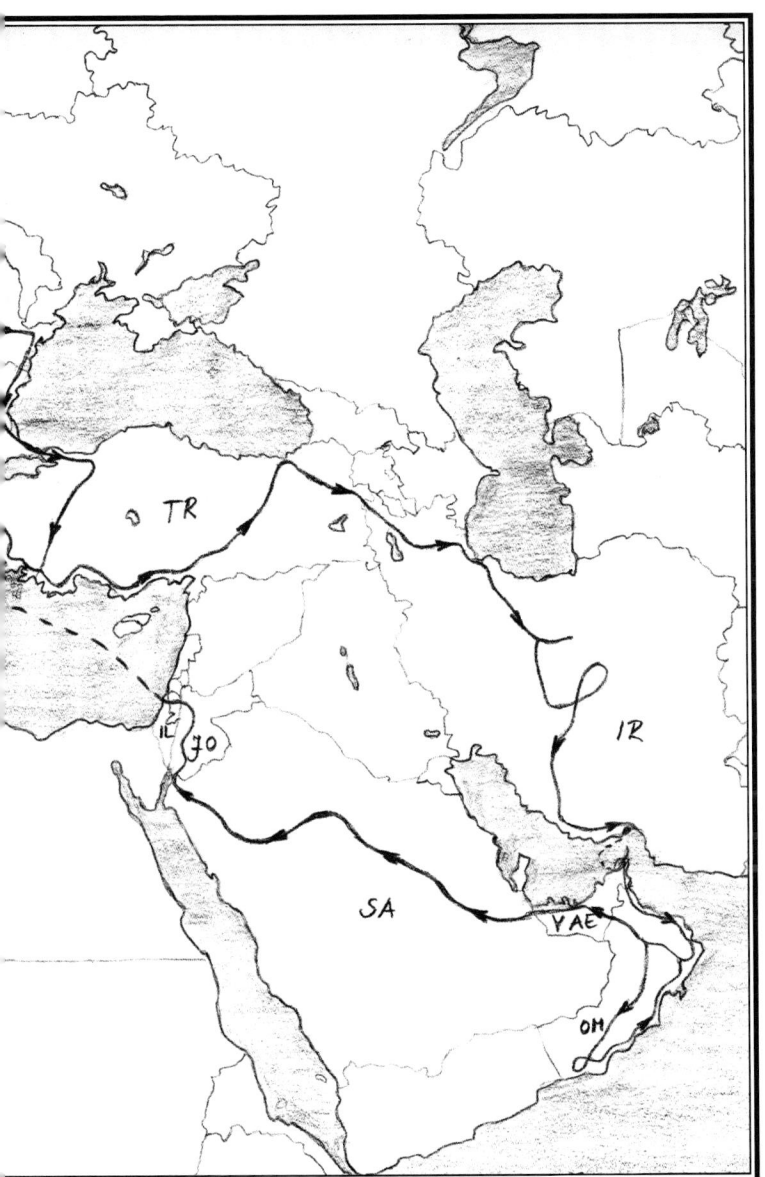

Prolog

Fernreise, Abenteuer, Langfahrt, Expedition ... alles Begriffe, die vermutlich nicht nur bei mir seit frühester Jugendzeit ein latentes Kribbeln unter der Kopfhaut verursachen. Gepaart mit dem Konsum zahlreicher Reiseberichte und -reportagen im öffentlich-rechtlichen Fernsehprogramm meiner Kindertage sind sie verantwortlich für die mittlerweile in regelmäßigen Abständen aufflammenden Fernweh-Schübe.

Dabei ist das selbstbestimmte, freie Reisen für mich ganz besonders aufregend – seitdem ich als erstes Auto einen rostigen roten Opel Corsa A besaß, unternahm ich auch die ersten "Expeditionen" nach Österreich und Italien. Es mögen wohl ein paar Dutzend Touren gewesen sein, die ich in dem ein oder anderen Vehikel, manchmal auch per Flugzeug, in die verschiedenen Winkel dieser Erde unternommen habe. Von wenigen Ausnahmen abgesehen, dauerten die Reisen natürlich nie länger als die gewöhnlichen drei, manchmal auch vier Wochen im Sommer. Regelmäßig kehrte ich mit spannenden Outdoor-Erlebnissen in meinem Gedächtnis, aber auch mit Frust über die so schnell vergangene Zeit zurück in den Alltag, um den nächsten Abenteuern im kommenden Jahr entgegen zu fiebern.

Eines hatte ich schnell gelernt: Allein unterwegs zu sein ist zwar ok, viel schöner ist es jedoch, wenn man mit jemandem zusammen die Erlebnisse teilen kann, die schönen Momente genauso wie die Strapazen und Anstrengungen draußen in der Natur. Dass dieser "Jemand" unabdingbar auch die gleichen Interessen,

Vorstellungen und Erwartungen an einen gemeinsamen Trip haben sollte, musste ich bitter durch den desaströsen Ausgang zweier abgebrochener Touren durch Norwegen erfahren.

Es muss so um das Jahr 2011 herum gewesen sein, als in meinem Kopf der Plan zu gären begann, endlich eine große, lange Reise zu unternehmen. Es war eigentlich vielmehr eine vage Idee als ein richtiger Plan, es gab auch kein genaues Wunschziel, wo ich hin wollte – Hauptsache unterwegs sein, schwirrte es täglich und mit wachsender Intensität in meinem Hirn umher.

Was macht dabei das Fernweh aus? Ist es die Neugierde auf unbekannte Kulturen und Traditionen? Ist es die Suche nach ursprünglichen, wilden und unbekannten Landstrichen? Ist es das spartanische, pure Lebensgefühl, das man erlebt, wenn man autark mit seinen wenigen Habseligkeiten draußen in der Natur zurecht kommt, ohne den ganzen überflüssigen Krimskrams, der einen im Alltag umgibt? Oder ist es die Herausforderung, aus eigener Kraft in einem unbekannten Kontext, mit unbekannten Regeln und manchmal ohne Sprachkenntnisse zu bestehen? Wirklich sagen kann ich es auch heute nicht, vermutlich ist es ein Mix aus diesen und bestimmt noch einigen anderen, wenig greifbaren Emotionen, die mich forttreiben.

"Vorsorglich" kaufte ich jedenfalls schon mal einen kleinen 4,5 Tonnen Allrad LKW, quasi als ersten Schritt, um der Sache einen Anfang und ein Gesicht zu geben. Es handelte sich dabei nicht um eines jener edlen Gefährte, die man auf den diversen Messen der Szene bestaunen kann und an denen oft Preisschilder im satten fünf- oder gar sechsstelligen Bereich baumeln. Nein, es war vielmehr der verrostete und erbärmliche Rest eines zwanzig

Jahre alten Bremachs, der in seinem ersten Leben im Braunkohlebergbau geschunden worden war.

Der Zustand war aber nebensächlich, schließlich hatte ich ohnehin noch Zeit. Der Plan musste sowieso noch reifen und zwischenzeitlich würde ich das Gerät schon wieder auf Vordermann bringen. In entsprechenden Portalen hielt ich Ausschau nach potentiellen Mitreisenden, denn alleine wollte ich nicht los. Ich schaltete Anzeigen, traf mich ein, zwei Mal mit Interessenten, schrieb Emails. Im Laufe der Suche wurde mir klar, dass ich ein solches Unterfangen, das mit Sicherheit große bleibende Wirkung hinterlassen und einen besonderen Abschnitt im Leben darstellen würde, nicht mit irgendwem verbringen sollte. Es wäre viel schöner, mit jemandem loszuziehen, mit dem man mehr teilt als nur das gleiche Fahrzeug und die gleiche Route. Diese Erkenntnis allerdings ließ mein Vorhaben wieder schwammig und unwirklich erscheinen. Jeder kann sich denken, wie schwer es ist, die perfekte Partnerin zu finden, insbesondere dann, wenn man solch nicht alltäglichen Pläne hegt.

Dass ich inmitten dieser Stagnation ein knappes Jahr später auf Anja traf, die unabhängig von mir die gleichen Träume hegte, muss ein Wink des Schicksals gewesen sein. Es spielte mir nicht nur meine Partnerin zu, sondern auch jene ersehnte Gefährtin für mein Abenteuer und bewirkte, dass sich die Ereignisse überschlugen ...

Dieses Buch soll auf der einen Seite eine unterhaltsame Zusammenfassung unserer Erlebnisse während dieser großartigen Zeit darstellen und Euch Leser etappenweise und in Eurem (Lese-) Tempo bequem von zuhause aus mitreisen lassen. Andererseits soll es ähnlich Neugierige und Reisebegeisterte ermutigen, jenen berühmten ersten Schritt zu tun, endlich all diese Entschuldigungen und Aufschubgründe beiseite zu schieben und den Traum von der großen Reise wahr werden zu lassen. Dazu gibt es im Epilog die hilfreiche Schilderung eigener Erfahrungen sowie Daten und Fakten, die von zuhause aus schwer oder gar nicht zu ermitteln sind, oft aber über den Start oder Nichtstart in ein solches Abenteuer entscheiden. Es sind die typischen Fragen, die auch uns vor Reisebeginn plagten, denen wir im Reiseverlauf immer wieder begegneten und – die wir nun beantworten können.

Viel Spaß!

Christian Ebener,
im Januar 2016

Nächste Ausfahrt: Freiheit
Der Beginn einer ungeplanten Reise

Fernweh: Als Fernweh bezeichnet man die Sehnsucht des Menschen, seine vertraute Umgebung und Situation zu verlassen, um sich die Weite unserer Welt zu erschließen. Im Gegensatz hierzu steht im wörtlichen Sinne das "Heimweh", welches die Sehnsucht nach der Heimat widerspiegelt.

Das orangefarbene Lämpchen der Glühkontrolle erlischt, zögernd drehe ich den Zündschlüssel in die nächste Position. Sofort knattert und nagelt der Dieselmotor unseres Land Rovers los, ganz gewöhnlich, so wie immer. Der Ländy scheint unsere Aufregung weder zu spüren noch zu teilen. Für uns ist es ein ganz besonderer Tag – ein Tag Anfang August, an dem unser großes Abenteuer beginnt, zwar einen Tag später als geplant, aber immerhin fast pünktlich. Ein richtig konkretes Ziel haben wir nicht, und wie lange genau wir fort bleiben werden, steht auch nicht fest.

Die unterschiedlichsten Gefühle durchströmen mich. Es ist, als ob ich etwas tue, auf das ich lange gewartet habe, es ist das Wissen, dass ich für all die alltäglichen Sorgen und Probleme bald nicht mehr erreichbar sein werde, es ist, als würde ich den Dingen, die mich Zuhause stören und ärgern, endlich entfliehen können – wenn auch nicht für immer. Gleichzeitig ist da die Neugierde: Was werden wir erleben, wird es uns gefallen, wird alles klappen – und wie wird die Reise uns verändern? Anja

strahlt mich vom Beifahrersitz aus an. Trotz ihres erwartungs-
vollen Grinsens entgeht mir auch ihre Nervosität und Aufregung
nicht. Ich lege den ersten Gang ein, lasse die Kupplung allmählich kommen und los geht's! Aus unserem Gefährt winken wir
noch einmal unseren Lieben zu und brausen in einer blauschwar-
zen Rußwolke davon.

Bald reihen wir uns ein in den dichten Verkehr der Autobahn
und rollen entspannt mit hundert Stundenkilometern dahin. Aus
den vorüber brausenden PKWs registrieren wir neugierige Blicke der Erwachsenen und Kinder, die begeistert mit den Fingern
auf uns zeigen. Durch die silbernen Sandbleche, die Reservekanister, die Aluboxen, das Dachzelt, den Spaten und die vielen
weiteren Utensilien, die wir am roten Ländy montiert haben, fallen wir spürbar auf an diesem Morgen, und wir fühlen uns, als
versprühten wir den Duft nach Abenteuer und Freiheit.

Vor nicht einmal einem Jahr haben wir beide uns kennen gelernt.
Ausgerechnet während einer Pauschal-Gruppenreise auf Sardi-
nien. Es dauerte nicht lange, bis wir bemerkten, dass wir neben
vielen Idealen und Philosophien auch die große Leidenschaft für
das Reisen teilen. Als nach einer viel zu kurzen Woche der Urlaub zu Ende ging und wir heim mussten, war uns bei der Ver-
abschiedung am Flughafen in Köln klar: Dies war kein
harmloser Urlaubsflirt! Fortan pendelten wir Wochenende für
Wochenende abwechselnd zwischen unseren dreihundert Kilometer voneinander entfernt liegenden Heimatorten hin und her.
An romantischen, rotweingeschwängerten Abenden schwelgten
wir in Träumen von großen Abenteuern und schworen uns: Eines
Tages werden wir zusammen eine große, lange Reise unternehmen.

Es vergingen nicht einmal drei Monate, bis Anjas schon seit einiger Zeit schwelende Unzufriedenheit in ihrem Job unerträgliche Ausmaße annahm. Sie kündigte. Sofort erkannten wir unsere Chance: Wir beschlossen, im kommenden Sommer aufzubrechen.

Für Reisevorbereitungen blieb da nicht sonderlich viel Zeit. Wir brauchten vor allem schnell ein geeignetes Gefährt. Vollkommen unberührt stand zu diesem Zeitpunkt der erwähnte Bremach auf einer benachbarten Wiese. Ihn zu dem zu machen, für das ich ihn einmal gekauft hatte, würde Zeit und Geld verschlingen, das wir nicht hatten. Allerdings besaß ich seit fast einem Jahrzehnt einen treuen Land Rover. Gezeichnet vom harten Arbeitsalltag seiner vergangenen Jahre in der Forstwirtschaft und nicht zuletzt aufgrund etlicher tausend Reisekilometer befand er sich seit einigen Monaten in einer Restauration. Zum Zeitpunkt unseres Entschlusses stand gerade mal das Chassis auf Rädern. Obwohl es sich um einen kurzen, sogenannten Defender 90 handelt, überlegten wir nicht lange: Er sollte unser fahrbarer Reise-Untersatz werden. Uns blieb etwas mehr als ein halbes Jahr, um ihn wieder zusammenzubauen und für unser Vorhaben zu optimieren.

Die Tage und Monate vergingen wie im Zeitraffer. Es mussten Versicherungen abgeschlossen und andere gekündigt werden. In meinem gerade begonnenen Studium fielen noch Prüfungen an, auch dafür musste ich mich vorbereiten. Außerdem beschlossen wir, dass Anja zu mir zieht. Also löste sie ihre Wohnung auf, und der Umzug begann. Zeitgleich liefen die Arbeiten an unserem zukünftigen motorisierten Reisebegleiter auf Hochtouren. Es waren stressige Wochen, und immer näher rückte der anvisierte Abfahrtstermin. Wir waren mit so vielen Dingen beschäftigt, dass wir uns entschlossen, die fantastische Idee, bis nach Australien zu fahren, erst einmal beiseite zu schieben. Alleine die Beschaffung der Visa für die Fahrt dorthin würde vermutlich wochenlange Aufenthalte in den Wartesälen der verschiedensten Auslandsvertretungen mit sich bringen. Überhaupt hier loszukommen wäre ja schon prima …

Die Autobahn führt uns gen Osten, wir wollen auch Anjas Familie Lebewohl sagen und bleiben dort drei Tage. Erst jetzt fällt der Stress der vergangenen Monate allmählich von uns ab. Wir atmen tief durch und realisieren: Ja, wir sind tatsächlich unterwegs!

Leider bemerken wir aber auch, dass unsere neue Kühlbox ihre Arbeit etwas zu gründlich macht. Dank mangelnder Abschaltung und dem daraus folgenden Dauerbetrieb herrschen in ihrem Inneren minus acht Grad, was die vormals leckeren Tomaten nicht besonders "cool" finden. Wir zerlegen die Regeleinheit und stellen fest, dass die Kabel des Temperaturreglers werkseitig falsch angeschlossen worden waren. Glück gehabt, den Fehler gefunden zu haben!

Die Sonne steht schon sehr tief am späten Nachmittag, als wir die erste Landesgrenze überqueren und hinein fahren in ein dunkles und regnerisches Polen. An einem kleinen See unter hohen Birken schlagen wir unser Dachzelt auf und verbringen unsere erste Nacht unter freiem Himmel.

Das Riesengebirge liegt vor uns. Ein Navigationsfehler ist schuld daran, dass wir vom polnischen Teil des Gebirgszuges leider sehr wenig kennenlernen, übrigens ebenso wenig wie vom restlichen Polen. Wir reisen ohne Navi und GPS. Nur mit Karte und Kompass wollen wir uns unseren Weg suchen. Das führt allerdings des Öfteren dazu, dass wir nicht nur den richtigen Weg verlieren, sondern auch jegliche Orientierung, an welchem Punkt auf der Karte wir uns eigentlich befinden. Diese Erfahrung machen wir heute, bis wir feststellen, dass wir überraschend und ungewollt nach Tschechien eingereist sind.

Saftige Weiden und grüne, urwüchsige Wälder prägen das hügelige Land entlang der schmalen Landstraßen. Alles wirkt recht alt, ursprünglich und ländlich, aber ordentlich und gepflegt. Autos, Landmaschinen und LKWs werden hier allem Anschein nach bis an ihr totales technisches Ende gepflegt, gewartet und genutzt. So kann ich voller Begeisterung einige Exemplare alter Maschinerie bestaunen, die bei uns zu Lande längst aus dem Straßenbild verschwunden sind. Wir bemerken aber auch noch etwas anderes: Auf den kurvigen Straßen des Riesengebirges fühle ich beim Anbremsen in den engen Serpentinen ein deutliches Vibrieren in der Lenkung, das mit zunehmender Belastung stärker wird. Hinzu gesellt sich bei nicht betätigter Bremse ein regelmäßiges Klack-Geräusch. Ich inspiziere am Straßenrand Lenkung und Bremsanlage, kann aber nichts feststellen. Einige tausend Kilometer liegen ja noch vor uns. Daher beschließe ich, gleich jetzt der Sache auf den Grund zu gehen, steuere den nächsten großen Rastplatz an und demontiere die Vorderräder. Es wird klar, dass beide Bremsscheiben der Vorderachse verzogen sind. Wie das passieren konnte, bleibt schleierhaft, zumal sie erst seit ungefähr dreitausend Kilometern im Einsatz sind. Es hilft nichts, wir setzen die Fahrt zunächst fort.

Mittlerweile sind wir bereits in der Slowakei, die sich deutlich von ihrem Nachbarland unterscheidet. Für uns kaum vorstellbar, dass diese beiden Länder noch bis vor wenigen Jahren ein Staat gewesen sind. Hier sind die Straßen schlecht, die Häuser ungepflegt und dreckig. Ein wildes Wirrwarr an Oberleitungen überspannt die Straßen. Die Fallrohre der Regenrinnen an den schmutzigen Häusern münden einfach auf der Straße – vorausgesetzt, die Häuser besitzen überhaupt Regenrinnen.

Wir durchfahren ein Dorf nach dem anderen. Abends wimmelt es in den unbeleuchteten Straßen vor Menschen, die mit dem Bus von der Arbeit kommen. Über den Ortschaften wabert eine dicke Rauchwolke, offenbar heizt man hier vornehmlich noch mit Holz und Kohle. Unverkennbar stapeln sich die immensen Brennholzvorräte, selbst schon vor noch gar nicht fertig gestellten Neubauten. Es scheint, als hätte die alte Tschechoslowakei hier ihr Armenhaus zurück gelassen. In regelrechten Vorstadtslums leben Sinti und Roma in alten, baufälligen Häusern ohne Fenster. Vor den Haustüren brennen Feuer, überall liegt Müll herum. Ob wir hier eine Werkstatt finden, die in der Lage ist, uns einen Satz neue, passende Bremsscheiben zu verkaufen? Mehr zufällig entdecken wir auf dem Platz eines Gebrauchtwagenhändlers in Kosice drei oder vier Land Rover. Hinter dem Tresen im kleinen Ausstellungsraum des Geschäfts hocken drei Mitarbeiter, die uns aus großen Augen erwartungsvoll anblicken, als wir eintreten. Leider spricht keiner von ihnen Englisch oder Deutsch – und wir kein Slowakisch. Jaromir, vermutlich der Chef des Ladens, hat die großartige Idee, die Google Übersetzungsfunktion auf seinem Laptop zur Kommunikation einzusetzen. Der Technik sei Dank bestelle ich tatsächlich einen Satz

Bremsscheiben, die sogar morgen früh um elf Uhr da sein sollen. Wir haben also Zeit für einen Ausflug.

Auf der Karte machen wir kurz vor der nahen ukrainischen Grenze einen größeren See aus. Das Gewässer ist vielleicht siebzig Kilometer entfernt, dort wollen wir die nächste Nacht verbringen. Es ist warm, und insgeheim freuen wir uns auf ein ausgiebiges Bad. Das Seeufer ist recht breit und bietet mit seinen Schatten spendenden Pappeln einen idealen Campplatz. Es ist wenig los, im Wasser spielen ein Dutzend Kinder. Etwas entfernt gibt es einen kleinen Kiosk, der sogar geöffnet hat, und jemand hat zwei oder drei Zelte im Schutz einiger Sträucher aufgebaut. Kaum ist der Ländy geparkt, werfen wir einen genaueren Blick auf den recht großen See – zum Glück erst einmal ohne Badekleidung. Das Wasser schimmert in tiefem Grün, auf der Oberfläche treibt ein schillernder, öliger Film, der erst dreißig Meter weiter draußen abzureißen scheint. Anja wagt sich mutig einige Schritte in die Brühe hinein, danach zieren zwei kreisrunde, grüne Ringe ihre Waden an den Stellen, bis wo der Wasserspiegel reichte. Unsere Lust auf ein Bad ist vergangen, lieber machen wir in der milden Abendluft einen schönen Spaziergang entlang des Ufers. Schon bei der Fahrt durch die unzähligen kleinen Dörfer hatten wir die typischen Wagenräder entdeckt, die auf Telegrafenmasten und Häuserdächern den Störchen als Nistplatz dienen. Jetzt stakst Meister Adebar höchstpersönlich durch das seichte Wasser und fischt mit seinem langen roten Schnabel kleine Fische aus der ekligen Brühe. Unser Ausflug zu Fuß ist jedoch mehr bedrückend als entspannend. Entlang des Ufers finden wir immer wieder tote Fische, teilweise von recht kapitaler Größe. Auch eine verkrümmte Möwe treibt leblos an uns vorüber. Es stinkt nach Verwesung und Müll. Im Ufergehölz stolpern wir über die Hinterlassenschaften anderer Camper und Ausflügler.

Unsere erste Lehrlektion auf dieser Reise zeigt, dass das Umweltverständnis und der Umgang mit Abfall wie in unseren Breiten hier nicht selbstverständlich sind. Aber das alles ist uns jetzt noch nicht umfassend klar, vielmehr glauben wir noch an Einzelphänomene. Je weiter wir nach Osten vordringen werden, desto weniger funktioniert die Müllentsorgung. Eine Mülltrennung gibt es nur in großen Städten. Später, in Rumänien, werden wir beobachten, dass auf dem Land auch gerne die Flüsse noch zur Müll-"Entsorgung" verwendet werden. In den Zeiten, als Verpackungen nur aus organischem Material hergestellt wurden und sowieso viel weniger Abfall anfiel, hat dieses System möglicherweise noch leidlich funktioniert. Heute säumen Plastiktüten und -verpackungen viele Ufer der Flüsse, Bäche und Straßen, besonders nahe der Ortschaften. Wir werden beobachten, wie Leute ihren Abfall achtlos aus dem Fenster werfen, und ein Fischer in einem türkischen Hafen den Inhalt eines Ölkanisters auf dem Boden entsorgt. Auch die wilden Müllkippen nur wenig außerhalb der Dörfer werden immer häufiger, es stinkt schon nur beim Vorüberfahren. Warum stört es hier niemanden? Es scheint, als stünde die EU bei der Frage der Müllverwertung und der Aufklärung über ein ökologisches Gleichgewicht vor einer schier unendlich großen Herausforderung.

Pünktlich wie bestellt stehen wir am nächsten Morgen um elf Uhr in Jaromir´s Werkstatt in Kosice. Tatsächlich blinken mir zwei brandneue, vertraut aussehende Bremsscheiben entgegen.

Sofort wird der Ländy auf die Bühne gefahren und die Operation beginnt. Ein mürrischer Schrauber beginnt sein Werk, aber schon nach kurzer Zeit versucht Jaromir mir klar zu machen, dass die Bremsscheiben gar nicht das Problem seien. Ich hätte bei der Restauration die Radnaben zu dick lackiert und die dicke Farbe würde nun dafür sorgen, dass die Bremsscheiben einen Axial-schlag hätten, da sie nicht flächig auflägen. An und für sich eine plausible Erklärung. Nicht plausibel finde ich allerdings, dass das Problem nicht von Beginn an da war, sondern sich erst nach 2.500 Kilometern allmählich eingestellt hatte. Der Farbauftrag war natürlich von Anfang an gleich dick und ist bis jetzt sichtlich unverändert. Es ist so unglaublich schwierig und müßig, eine Diskussion zu führen und Argumente auszutauschen, wenn man keine gemeinsame Sprache spricht. Ich lasse Jaromir gewähren und denke mir, dass es nicht schaden kann, wenn seine Jungs die Radnaben planen.

Mittlerweile ist es Mittag geworden. Von der Terrasse eines klei-nen Restaurants aus sehen wir Jaromir in unserem kleinen Roten vorüber fahren. Mit weit aus dem Fenster gebeugten Kopf hört er vermutlich das gleiche, unverändert regelmäßige Klacken, das bis zu uns auf die Terrasse schallt. Zurück in der Werkstatt, ist zwar die Vorderachse wieder fertig zusammengebaut, dafür hat Jaromir´s Crew nun die Bremsanlage der Hinterachse zerlegt. Auf die Frage, was sie denn da machen, beginnt Jaromir – be-ziehungsweise Google – mir zu erklären, dass die Scheiben der Hinterachse einen Schlag hätten, er aber keine Scheiben vorrätig hätte. Über die Flüssigkeit des Hydrauliksystems würde die Vi-bration ins Bremspedal und schließlich nach vorne in die Len-kung übertragen. Ich versuche ihm zu erklären, dass man das

Klacken auch hören kann, wenn man vorne ein Rad hochbockt und es dann langsam von Hand dreht. Ich führe ihm das sogar vor. Aber ich ernte nur Kopfschütteln und Unverständnis. Da es mittlerweile schon nach fünfzehn Uhr ist, wir gerne heute noch weiter fahren würden und Jaromir´s Leute gerade im Begriff sind, die andere Seite der Hinterachse zu bearbeiten, werde ich deutlicher. Ich bestehe darauf, dass sie nun endlich die beiden Bremsscheiben der Vorderachse tauschen. Noch einmal bekundend, dass dies nichts bringe, wird der Defender von der Crew nun wieder vorne aufgebockt und es wird klar: Heute fallen Überstunden an. Nach zwei weiteren Stunden Schrauberei und einer gemeinsamen kurzen Probefahrt sind das Klacken sowie die Vibrationen in Lenkrad und Bremspedal eindeutig verschwunden. Erleichtert und versöhnt reichen wir uns die Hände, bezahlen den ursprünglich ausgemachten Festpreis und erhalten als Zeichen der Wiedergutmachung von Jaromir noch zwei Flaschen Wein. Schließlich setzen wir unsere Reise Richtung ungarischer Grenze fort.

Manchmal ist es erstaunlich, wie sich Dinge mit einem Grenzübertritt auf einen Schlag ändern. So verhält es sich auch an der Grenze zu Ungarn. Die Straßen werden wieder breiter, gut beschildert, markiert und von Leitplanken gesäumt. Alles wirkt wieder hübsch zurechtgemacht und aufgeräumt. Auf den kleinen Landstraßen abseits der gut ausgebauten Fernwege überholen wir zum ersten Mal ein Pferdegespann, das hier noch für die landwirtschaftliche Arbeit eingesetzt wird.
Wir nähern uns Rumänien – jetzt wird es spannend für uns. Insbesondere die Karpaten im Norden des Landes locken uns mit

sagenumwobenen Offroad-Abenteuern und weitläufigen, wilden Landschaften.

An einem frühen Nachmittag Ende August lacht die Sonne von einem wolkenlosen Himmel. Es ist angenehm warm, als wir im Norden Ungarns einen kleinen unbedeutenden Grenzübergang nach Rumänien ansteuern. Es herrscht praktisch kein Betrieb, ein einziger LKW wartet auf seine Abfertigung. Außer uns parkt nur noch einen ungarischer weißer Lada vor der Grenzstation. Die Formalitäten laufen problemlos und ohne jegliche Verzögerung ab. Eine junge Beamtin und ihr Kollege in schmucker blauer Uniform bilden unser rumänisches Empfangskomitee und heißen uns herzlich willkommen. Wir rollen über die Grenze und folgen gemächlich der schmalen, zweispurigen Landstraße, die uns durch eine flache Ebene führt, geprägt von Feldern und Wiesen. Ab jetzt kommt es regelmäßig vor, dass wir Pferdegespanne überholen. Sie transportieren alles Mögliche: Getreide, Stroh, Kohlköpfe, die Mutti zum Einkaufen in die nächste Stadt oder auch die Angebetete zu einem kleinen Ausflug im Mondschein. Die Fuhrwerke sind hier auf dem Land das alltägliche Transportmittel und ersetzen Traktoren wie Autos und Busse gleichermaßen. Vor den Supermärkten der größeren Ortschaften parken oft eine stattliche Anzahl von angespannten Kutschen. Teilweise sind die Pferde angebunden, teilweise sitzen die Kutscher beisammen und tauschen sich über das neueste Tagesgeschehen aus, während die Damen des Hauses die Einkäufe erledigen. Kühe und Pferde stehen oft beängstigend nahe am Fahrbahnrand – ohne Zaun, ohne Pflock, ohne Besitzer – und grasen.

Denken wir heute an Rumänien zurück, dann sind die Pferdegespanne nur eines von drei typischen Erlebnissen. Die Nummer zwei sind die Begegnungen mit Hunden – genauer gesagt, mit streunenden Hunden. Man begegnet ihnen überall, in Städten, auf dem Land, am Strand, im Wald, einzelnen Tieren genauso wie Rudeln mit mehr als sieben Tieren. Hatten wir ursprünglich geplant, unseren Labradorrüden Max mit auf die Reise zu nehmen, so ist uns spätestens jetzt klar, dass dies zu einer Menge Komplikationen und Stress für Mensch und Tier geführt hätte. Wir werden fast kein Camp haben, in dem wir abends keine vierbeinige Gesellschaft bekommen. Für Leute, die zu Hunden nicht das beste Verhältnis haben, sicherlich eine ziemlich unentspannte Angelegenheit. Aber: Wir machen nur positive Erlebnisse mit den Streunern und erleben sie stets als freundlich und unterwürfig. Das mag allerdings daran liegen, dass jene Gesellen, die zu hartnäckig oder gar aggressiv um Futter betteln, schlichtweg von den Menschen verprügelt oder gar getötet werden. Wir lernen jedenfalls schnell, uns unsere allgegenwärtigen Campgäste zunutze zu machen: Teilt man auch nur eine winzige Kleinigkeit seines Abendessens mit ihnen, so verteidigen sie fortan ihre neue Futterquelle gegen jedermann, werden also zu einer prima Alarmanlage.

Mit Abstand das Spektakulärste an Rumänien für Selbstfahrer sind allerdings die Straßenverhältnisse. Wem auch immer der für Overlander mahnende Slogan "Don´t drive in the dark" eingefallen ist – darauf gekommen ist er sicher in Rumänien. Wer es dennoch probiert, ist um eine nervenaufreibende, anspannende und möglicherweise lebensgefährliche Erfahrung reicher. Wenn man zu der enormen Anzahl großer und teilweise mehr als fünfzehn Zentimeter tiefe Schlaglöcher den Fahrstil der Rumänen addiert, der im Wesentlichen äußerst rasant und durch hellseherische Fähigkeiten bei Überholmanövern geprägt ist, so wäre das allein schon eine Situation, die höchste Aufmerksamkeit erfordert. Fügt man dann noch die vielen unbeleuchteten Pferdefuhrwerke, Passanten, jede Menge Vieh, streunende Hunde, nicht vorhandene Reflektoren, Leitplanken und Fahrbahnmarkierungen hinzu, erhält man eine explosive Mischung, an deren unguten Ausgang eine unzählige Masse von Straßenkreuzen erinnert. Wir jedenfalls sind nach dem einmaligen Versuch, noch im Dunkeln voran zukommen, fortan froh, bei Tageslicht einen neuen Campplatz zu finden.

Bald tauchen vor uns am Horizont die Karpaten auf. Das ebene Gelände läuft gerade darauf zu. Majestätisch, fast schon mit alpinem Charakter, ragen sie dicht bewaldet in den Himmel. Mit dem Ländy erklimmen wir die ersten Steigungen und bewundern die dichten, ursprünglichen Nadelwälder. Wir fühlen uns in der Zeit zurück versetzt, zurück ins Deutschland der vierziger oder fünfziger Jahre. Durchfahren wir ein Dorf oder eine kleine Stadt, so winkt man uns meistens freundlich zu. Die Landschaft, aber auch die Ortschaften, wirken auf uns malerisch und sehr ursprünglich, beinahe idyllisch. Die Menschen hier leben in kleinen urigen Häusern und Gehöften, die aus Holz erbaut sind. Meist ziert ein von prachtvollen Schnitzereien verzierter Torbogen den Eingang zum Grundstück. Die Feld- und Forstarbeit wird mit altertümlichen, kleinen Traktoren oder eben den allgegenwärtigen Pferdegespannen erledigt. Interessant ist, dass dabei der ganze Familienverband mithilft – vom vielleicht siebenjährigen Steppke bis zur achtzigjährigen Omi. Das Leben wirkt sehr traditionell und scheint von für uns längst vergessenen Werten geprägt zu sein. Die Kleidung der Menschen, die Häuser, die alten Autos und Maschinen, die schlechten Straßen, die spärliche Ausstattung der Geschäfte, alles wirkt sehr ärmlich. Die Feldarbeit, die zum Großteil noch in schwerer Handarbeit und an steilen Hanglagen erfolgt, ist vielen der vorüber gehenden Leute an ihrer wettergegerbten Haut anzusehen. Trotzdem wirken die Menschen hier auf uns entspannt, zufrieden und stolz auf das, was sie haben und was sie sind. Zufriedenheit – trotz fehlendem Wohlstand, I-Phone und anderem Luxus in unserem Sinne – da könnte so manch einer zuhause von lernen.

Viele Dorfansichten sind geprägt durch ihre prachtvollen Holzkirchen. Geht jemand an ihnen vorüber, bekreuzigt er sich – egal welchen Alters er ist. Der Glaube hat seinen festen Platz im Alltag. Und sonntags fahren keine LKWs, keine Traktoren und keine Pferdefuhrwerke.

Es ist Sonntag. Nach dem Kirchgang sitzen die Menschen gesellig, teils in prächtiger Tracht, beisammen und unterhalten sich. Dazu stehen vor jedem Haus eine oder mehrere Bänke bereit, auf denen man sich trifft und mitbekommt, was sich auf der Straße tut. Auch dabei können wir jedes Alter, Mann wie Frau beobachten. Es sieht so aus, als würde die Gemeinschaft, egal ob innerhalb der Familie oder im Dorf, hier sehr gut funktionieren.

Die Karpaten selbst locken mit unendlichen Wäldern, die wir kreuz und quer auf Schotterpisten erkunden und so in die entlegensten Winkel vordringen können. Dabei gilt es, steile Bergauf- und Bergab-Passagen zu bewältigen. Auch Flussdurchquerungen werden gemeistert. Wahrlich ein Spielplatz für Offroad-

und Naturfreunde. Abends haben wir kein Problem, einen romantischen Campplatz an einem lauschigen Flüsschen zu finden, umrahmt vom schönen Bergpanorama und umgeben vom angenehmen Duft des Nadelwaldes. Am besten lässt sich die Einsamkeit und Stille genießen, wenn der Tag sich dem Ende neigt, am Lagerfeuer mit einer mitgebrachten Flasche Dunkelrotem.

Wir verlassen die Karpaten mit südlichem Kurs. In den Städten, die wir passieren, ersetzt bald wieder die uns vertraute westliche Hektik mit ihren Hupkonzerten die stille, traditionelle Bergromantik der vergangenen Tage. Schnell ziehen wir durch und bemerken nur am Rande die Siedlungen im lieblosen Ostblockstil und den vielen Müll.

Wir fahren hinunter bis nach Siebenbürgen in Transsilvanien. Zum Schutz vor Graf Dracula und seinen Vampirkollegen ziert mittlerweile eine Knoblauchknolle unseren Innenspiegel. Sicher aufgrund dieser Vorsichtsmaßnahme bleibt uns eine Auseinandersetzung mit den blutsaugenden Gesellen erspart. Einst durch den deutschen Kaiser eingeleitete Besiedelungen in dieser Region lassen uns noch heute Ortschaften wie "Deutsch Kreuz" entdecken, so wie viele andere Hinterlassenschaften unserer ehemaligen Landsleute. In der Kirche von Deutsch Kreuz treffen wir durch Zufall eine alte Dame, die sich selbst als Siebenbürgin bezeichnet und uns in einem sehr interessanten Gespräch die Geschichte dieses Ortes sowie der Siebenbürgen näher bringt – selbstverständlich auf deutsch! Leider wird nur zu deutlich, dass dieses Stück deutsch-rumänischer Kulturgeschichte zum Aussterben verdammt ist. So gibt es beispielsweise hier in Deutsch Kreuz gerade einmal noch sieben Siebenbürgen – unsere sechsundachtzigjährige Referentin mitgezählt. Nicht erst seit dem Ende des Zweiten Weltkrieges müssen die Siebenbürgen zahlreiche Repressalien durch die rumänische Regierung mit zeitgleichem Ausbleiben deutscher Unterstützung ertragen. Während der Nachkriegsjahre wanderten beinahe alle Siebenbürgen nach Deutschland ab oder starben. Heute wird versucht, die Geschichte und die Vergangenheit durch Fördermittel, Spenden und Vereine am Leben zu erhalten.

Am liebsten folgen wir den Nebenstrecken, die auf unserer Karte als kleine weiße Linien eingezeichnet sind. Eigentlich erstaunlich, dass sie überhaupt als Straßen eingezeichnet sind, denn diese Strecken sind teilweise schlechter als die übelsten Feld- und Waldwege in Deutschland. Den Rumänen stört das wenig, er versteht sein KFZ als reinen Gebrauchsgegenstand. Oftmals zeigen auf der Strecke liegende Fahrzeugteile wie Stoßstangen oder Innenradhäuser, dass der "Gebrauchsgegenstand" den Anforderungen dieser Offroad-Passagen nicht gewachsen war.

Im Osten ist Rumänien durch das Schwarze Meer begrenzt. Die Vorstellung, an einem schönen Strand zu liegen, die Seele baumeln zu lassen und diesen Zustand nur durch ein kurzes Schwimmerchen zu unterbrechen, lässt uns schneller fahren, zumal das Wetter fantastisch ist. Als die ersten Buchten des Binnenmeeres in Sicht kommen, begeben wir uns gleich auf die Suche nach einem entsprechenden Platz.

Doch das gestaltet sich schwierig. Meistens reichen die landwirtschaftlichen Flächen bis dicht an die Küste. Mit dem Hinweis "Korbu Beach" wird dann endlich unser Verlangen gestillt: weißer Sandstrand, rauschendes Meer und strahlend blauer Himmel bei Temperaturen um die dreißig Grad … Wir genießen diesen Ort so sehr, dass wir beschließen, zu bleiben. An diesem Platz treffen wir auch zum ersten Mal auf andere Overlander: Doro und Paulus, zwei junge Österreicher, die in ihrem ausgebauten Allrad VW Bus auf unbestimmte Zeit reisen möchten. Mit im Gepäck ist ihr einjähriger Sohn. In ihrer Gesellschaft befindet sich außerdem ein junges israelisches Pärchen. Die vier hatten sich auf einem Festival entlang der Route kennen gelernt und kurzerhand beschlossen, bis auf weiteres zusammen im Bus zu reisen.

Auf dem weiteren Weg entlang der Küste finden wir keinen schönen Platz mehr und gelangen so nach Constanta. Schon im jugendlichen Alter träumte ich von einer "Expedition" mit dem wohlklingenden Namen "Von Köln nach Constanta" und stellte mir den Zielort als malerisches und ursprüngliches Städtchen am Schwarzen Meer vor – leider ist die Realität ernüchternd. Wir erleben Constanta als eine große, hässliche und vor allem hektische Stadt. Es gibt riesige Supermärkte wie bei uns. Man findet, wie übrigens in allen bis hierher durchreisten Ländern, Aldi, Lidl, Kaufland, Kick, Penny, Hornbach, sogar eine Sparkassenreklame können wir entdecken. In den Supermärkten herrscht ein so hektisches Treiben, dass wir achtgeben müssen, nicht von einer rundlichen Rumänenmutti mit ihrem riesigen Einkaufswagen im Kaufrausch überfahren zu werden.

Die Küste ist gesäumt von großen Hotelanlagen, ein Hochhaus erhebt sich neben dem anderen. Dies sind wohl Relikte aus den Ostblocktagen, als noch die halbe Bevölkerung des Ostens und der DDR an die Schwarzmeerküste in die Ferien fuhr. Heute ist hier nichts mehr los. Es gibt zwar Restaurants, Souvenirläden und Touri-Eisenbahnen, aber fast alles steht leer. Schon fast gruselig. Für die Hotelbesitzer kann man nur hoffen, dass in der Hauptsaison mehr los ist. Suspekt an der ganzen Sache ist uns, dass Neubauten oder im Bau befindliche Hotelkomplexe trotz des ganzen Leerstandes weiterhin aus dem Boden sprießen. Später an der bulgarischen Küste werden wir das noch deutlicher erleben.

Fünf Kilometer vor der bulgarischen Grenze liegt der Ort Vama Veche. Er war in den Siebzigern ein Hotspot für Hippies und Künstler. Heute zwar etwas kommerzialisiert, aber trotzdem sehr sehenswert – allerdings vermutlich dank der Tatsache, dass wir Nachsaison haben. Es gibt ausgefallene Restaurants, Bars und Kunstgeschäfte. Alles ist alternativ, und am Strand tummeln sich viele Leute, die offenbar ihr Schwimmzeug vergessen haben. Es herrscht eine sehr entspannte Stimmung, wir fühlen uns wohl und verbringen in Vama Veche drei interessante Tage. Von unserem Campplatz gleich am Strand aus können wir unter anderen Overlandern und den Nackedeis witzige und skurrile Persönlichkeiten und Szenen ausmachen. Es gibt viele langhaarige, tätowierte Althippies, die scheinbar schon seit ewigen Zeiten hier leben, genauso wie junge Leute, die nachmittags um 15:00 Uhr sturzbetrunken aus einer Bar taumeln, um wenige Meter weiter im warmen, weichen Sand zusammenzusacken und an Ort und Stelle ihren Rausch auszuschlafen. Wir beobachten aber auch eine vierköpfige Gruppe, die sich angeregt unterhält. Alle sind angezogen bis auf einen – der ist splitterfasernackt und lamentiert wie selbstverständlich mit den anderen dreien ...

Die Einreise nach Bulgarien erfolgt komplikationslos und zügig. Die Straßen werden hier deutlich besser, alles erscheint aufgeräumter und sauberer als in Rumänien. Der erste Abschnitt der bulgarischen Steilküste, auf den wir treffen, macht einen Zugang zum Meer nur schwer möglich, was zur Folge hat, dass es auch keine Hotels gibt. Hier begegnen uns auch erstmals kyrillische Verkehrsschilder, die die Navigation für uns schwierig machen, vor allem in kleineren Orten. Dank Anjas Schulkenntnissen der russischen Sprache finden wir aber immer unser Ziel. Ungefähr ab Mitte der Küstenstrecke begegnet uns der gleiche Hotelbunker-Horror wie in Rumänien und mal wieder ... ist fast nichts los. Personal ohne Ende, aber kaum Gäste. Erst als wir uns auf den Weg in Richtung Türkei machen und vorhaben, die Grenze an einem nicht eingezeichneten Grenzübergang zu überqueren, entdecken wir die vermutlich schönsten dreißig Kilometer bulgarischer Küste. Der Grund liegt auf der Hand: Die Straße ist eine Sackgasse, und so verirren sich hierher kaum Touristen. Es gibt nur kleine Pensionen und Bungalows. Wir finden ein schönes kleines Örtchen und gehen zum Abschluss in einem winzigen, landestypischen Seafood-Restaurant vorzüglich essen, bei guter Oldie-Musik aus den 50ern bis 70ern. Voller Erwartung sind wir und freuen uns auf die Einreise in die Türkei und natürlich auf das Mittelmeer. Das Passieren der türkischen Grenze bedeutet den Eintritt in einen völlig neuen und uns fremden muslimischen Kulturkreis und die erste Annäherung an den asiatischen Kontinent.

So tuckern wir am nächsten Morgen durch dichten bulgarischen Wald auf einer einspurigen Straße stundenlang der Grenze entgegen. Wir sind ganz allein, anscheinend hat sonst niemand vor, dorthin zu reisen. Endlich erscheint der erste Grenzposten – die Einreiseprozedur beginnt. Insgesamt durchlaufen wir fünf Stationen, zwei bulgarische und drei türkische. Als wir die Abfertigung des Zollgebäudes betreten, ist uns schon ein wenig mulmig. Der Nationalstolz und das Vermächtnis des Staatsgründers Atatürk sind deutlich spürbar. Eine riesengroße türkische Flagge prangt neben einem ebenso großen Abbild des ehemaligen Staatsoberhauptes in der Eingangshalle. Ansonsten herrscht kühle Stille, ein paar Uniformierte stehen herum, alle Schilder und Anweisungen sind ausschließlich auf türkisch. Unsere zögerlichen Schritte hallen durch das hohe, kahle Gebäude, wir fühlen uns in der Stille beobachtet. Wir fragen uns durch, die Beamten begegnen uns zum größten Teil unfreundlich und etwas widerwillig. Aber wir erhalten unsere Stempel, auch ohne dass unser Ländy gefilzt wird. Wie bei den meisten deutschen KFZ-Haftpflichtversicherungen endet auch der Geltungsbereich der unsrigen hier in der Türkei. Kurioserweise nicht gleich hier an der Grenze, nein, erst mit der Überquerung des Bosporus, also mit dem Erreichen des asiatischen Teils der Türkei. Diese bürokratische Kapriole lässt uns schmunzeln, hat doch die Türkei als Staat auf ihrem gesamten Territorium die gleichen Gesetze. Zur Einreise ist jedoch – auch im eigenen Interesse – eine flächendeckend gültige Versicherung unabdingbar. Im kleinsten Büro, dass wir je gesehen haben, schließen wir die entsprechende Police fürs Auto gleich vor der Grenzstation ab. Die Vertretung besteht aus einem Miniaturcontainer, der kaum größer ist als ein Dixi-Klo. Drinnen ist nur Platz für einen Tisch, einen Stuhl und gerade eben noch so für den Beamten. Die Wände sind plakatiert mit Bildern von Atatürk und der türkischen Nationalflagge. Natürlich gibt es auch unser Versicherungsdokument nur in türkischer Sprache. Nicht so ganz sicher, was wir hier jetzt genau gekauft und unterzeichnet haben, werde von nun an nur noch ich als Fahrzeughalter das Ruder übernehmen, vorsichtshalber – und Anja "is the navigator". Immerhin unser Kennzeichen können wir im Text des Formulars entziffern …

Waren wir aus Bulgarien noch auf einer schlechten einspurigen Straße angereist, so rollen wir auf türkischer Seite fortan auf einer vierspurigen Straße, wieder fast alleine. Der türkische Staat ist offensichtlich sehr um Aufschwung und Modernisierung bemüht – zumindest ökonomisch. Das ist leicht zu erkennen. Denn während überall Straßen, Autobahnen und Häuser modernisiert und westlichen Standards angepasst werden, so weist der politische Kurs in eine andere Richtung. Die derzeitige Regierung versucht den religiösen Einfluss auf die Politik zu verstärken und die Türkei in einen konservativen religiösen Staat umzubauen. Und das, obwohl hier alle das Andenken an Atatürk, den Gründer und "Vater" des modernen türkischen Staates, ehren – sein Kurs war ein ganz anderer. Er hatte vor beinahe neunzig Jahren die Trennung von Staat und Religion erst veranlasst und ein Kopftuchverbot für Schulen und Universitäten eingeführt. Dessen neuerliche Aufhebung ist nur ein Beispiel für den konträren Weg der aktuellen Staatsführung.
Wieder lockt uns das Meer. Entlang der Schwarzmeerküste wollen wir unsere Route legen, um uns Istanbul zu nähern.
Es ist spät und dunkel, als wir irgendwo am Ufer des Binnenmeeres in einem kleinen Örtchen landen. Wir holpern über Kopfsteinpflaster durch das alte Stadttor, verfolgt von vielen neugierigen oder gar argwöhnischen Blicken. Langsam fahren wir vorüber an winzigen hell erleuchteten Geschäften, die Straßen und Teehäuser sind voller Menschen – erst jetzt bemerken

wir, das sich nur Männer hier zusammen finden. Flehend und bettelnd dringt erstmalig der Ruf des Muezzin in unsere Ohren. Dieser fremdartige, durch Lautsprecher verstärkte und alles überschallende Gesang in Kombination mit der Szenerie um uns herum macht die vorherrschende andere Religion und Kultur regelrecht spürbar. Diese neue, uns unbekannte Situation lässt uns fast etwas erschrocken, regelrecht beklommen, nach einem Weg aus diesem Nest suchen. Erschöpft finden wir erst eine Stunde später außerhalb in einem Pinienwald einen ruhigen Stellplatz. Die Türkei wirkt an diesem Abend und nach unseren ersten Begegnungen wie eine fremde Welt auf uns. An den Ruf des Muezzin, der fünfmal täglich vom jeweils nächstgelegenen Minarett erklingt, werden wir uns schnell gewöhnen. Er erinnert die Gläubigen daran, für einen Moment inne zu halten und im Gebet Gott zu danken. Dabei ist Muezzin nicht gleich Muezzin. Wir lauschen solchen, deren flehender, melodischer und kunstvoller Gesang uns erschaudernd wie angewurzelt verharren lässt. Ihnen zuzuhören, ist ergreifend, die Message auch ohne Sprachkenntnisse spürbar. Dann gibt es allerdings auch jene Vortragende, vor deren Gesang sich unsere Ohren am liebsten verschließen würden. Und das fünfmal täglich … Unsere eigenartige Verstörtheit über das neue Umfeld legt sich bald, als wir weiter fahren. Zwar werden wir in unserem auffälligen Reisegefährt etwas argwöhnisch beäugt – einen freundlichen Gruß und ein Lächeln ernten wir im Vorüberfahren aber immer. Die Menschen sind freundlich hier und empfangen uns mit einer ungewohnt warmen Hilfsbereitschaft und Gastfreundschaft. Wir bekommen Obst geschenkt und werden bei Tankstopps oder vor Geschäften zum Plausch bei Tee eingeladen.

Dennoch stellen wir einen deutlichen Unterschied im Verhalten der Bewohner der modernen großen Städte und denen der ländlichen Regionen fest. Begegnen uns in den Städten die Menschen in westlicher, eleganter Kleidung, die Damen mit viel Schminke und die neuen Autos mit flotter Musik ausgestattet, so weisen vor allem im Hinterland die Kleiderordnung und die gesellschaftlichen Gepflogenheiten auf einen traditionellen Lebensstil hin. Während die Männer, oft mit Hut, langem Hemd und Hose, im offenen Teehaus an der Straße sitzen, sieht man die Frauen insgesamt weniger, bekleidet mit Kopftuch, Pluderhose und langärmeliger Strickjacke. Die Burka begegnet uns hier aber eher selten.

In der vierzehn Millionen Einwohner zählenden Metropole Istanbul Auto zu fahren, ist ein Abenteuer für sich. In der Rushhour bilden sich auf dreispurigen Fahrbahnen oft genug fünf Fahrzeugreihen. Für den türkischen Verkehrsteilnehmer bildet neben dem Gaspedal die Hupe das wichtigste Bauteil an seinem Gefährt. Gehupt wird immer und ständig. Man muss kurz hupen und los fahren, sonst kommt man nie weg. Auf die Einhaltung der Vorfahrtsregeln zu hoffen, ist zwecklos. Wer das größere Auto hat und dreister daher kommt, der fährt – eigentlich auch eine einfache Regel …

Nachdem wir uns stundenlang durch den nervenzehrenden Großstadtverkehr Istanbuls bis zu einem Campingplatz außerhalb vorgekämpft haben, besichtigen wir die Stadt am nächsten Tag, indem wir auf den öffentlichen Nahverkehr umsteigen, was allerdings zwei Stunden Fahrt mit Bus und Bahn bedeutet, one way. Wir besuchen die Blaue Moschee, den Taksim-Platz und den großen Basar, genießen einen Drink in einem Kaffee und suchen anschließend eine Busverbindung, die uns noch vor Einbruch der Dunkelheit zum Camp zurückbringt. Nachdem wir die vergangenen Wochen größtenteils in der Natur und fernab von Stadttumult und Touri-Kram verbracht haben, fühlen wir uns erschlagen von diesen Menschenmassen, dem Lärm und hektischen Treiben der Stadt. Dass wir Istanbul am folgenden Tag schon verlassen, liegt auch an unserer etwas unglücklich abseits liegenden Unterkunft. Man muss Großstädte halt mögen. Istanbul hat uns dennoch beeindruckt und sicher muss man der Stadt und vor allem sich selbst etwas mehr Zeit geben, um einen solchen Ort in Größe und Ausmaß zu erleben und auch die liebenswerten Ecken zu entdecken.

Unsere Route führt uns weiter entlang der Schwarzmeerküste gen Osten. Der Landstrich ist geprägt von kleineren Orten und Fischerdörfern. Es geht ländlich-idyllisch zu, Äcker und Kühe bestimmen das Bild. Im Hinterland erheben sich die ersten Ausläufer des zentralen Hochlandes, die stellenweise in Form von schroffen, steilen Bergen bis an die Küste reichen. Zwischen zwei solcher Felsgiganten finden wir in der Nähe eines kleinen Dorfes einen herrlichen, menschenleeren Sandstrand. Wir parken gleich mitten darauf, springen in die Badesachen und genießen die kräftige Dünung bei einem ausgiebigen Bad. Der Platz gefällt uns so gut, dass wir beschließen, hier auch die Nacht zu verbringen.

Wir liegen schon eine Weile in unserem Dachzelt, als ein zuckendes Wetterleuchten den Innenraum erhellt. Dann kommt zunehmender Wind auf – beides sichere Anzeichen für ein aufziehendes Gewitter. Es dauert nicht lange, bis wir den ersten Donner hören. Nebeneinander liegen wir rücklings auf der Matratze, horchen und zählen die Sekunden zwischen Blitz und Donnerschlag, um festzustellen, ob das Gewitter näher kommt oder doch vorüber zieht. Bald ist klar: Es kommt näher, und zwar verdammt schnell. Innerhalb weniger Minuten umtost uns ein ausgewachsenes Unwetter. Es schüttet wie aus Eimern, der Sturm zerrt und rüttelt an Zelt und Auto. Der Donner scheint nun unmittelbar dem Blitz zu folgen, die Nacht ist taghell. Uns ist klar, dass wir mit unserem Ländy die höchste Erhebung hier auf dem flachen Strand sind. Aus Angst, vom Blitz getroffen zu werden, beschließen wir, das Dachzelt zusammenzuklappen und in der Nähe einer Böschung Schutz zu suchen. Mühsam zerren wir draußen am Zelt, versuchen es zusammenzulegen und wenigstens provisorisch die Wetterschutzhaube darüber zuziehen. Binnen Sekunden sind wir beide nass bis auf die Haut.

Währenddessen gehen überall über dem Ozean Blitze nieder, markerschütternde Donnerschläge schallen durch die Nacht, dazu der Lärm des Sturms und des peitschenden Regens. Das Dachzelt ist notdürftig gesichert, wir springen ins Wageninnere, starten und fahren unter Flutlicht schnurgerade rückwärts, bis wir neben einem kleinen, verlassenen Gebäude an der Böschung etwas Schutz finden. Es vergeht fast eine Stunde, bis der Spuk vorüber ist und wir müde unser Zelt wieder aufbauen – und endlich schlafen können.

Am nächsten Morgen ist die Szenerie friedlich, als sei es immer so gewesen. Wir entspannen, trocknen unsere Sachen und beschließen einfach, noch einen Tag zu bleiben – ein Fehler, wie sich herausstellen wird.

Wir gehen früh schlafen an diesem Abend. Tagsüber haben nur wenige Leute den Strand besucht. Das Gebäude, neben dem wir parken, scheint eine Art Frittenbude zu sein, die aber ihren Betrieb eingestellt hat. Irgendwann am Nachmittag kommt ein älterer Kerl mit zwei Jungs und holte einige Dinge aus dem Häuschen. Wir liegen also später in unserem Bett und sind gerade eingedöst, als sich ein Auto nähert. Durch eine kleine Ritze im Zeltfenster hindurch erkennen wir einen weißen PickUp, der die Uferböschung herunter fährt, gleich in unsere Richtung abbiegt, die Frittenbude umrundet und quer vor der Motorhaube unseres Autos hält.

Vier junge Männer steigen aus. Plötzlich ertönt laute, türkische Musik. Die Typen fangen an, kampfsportmäßig vor unserem Ländy und auf der Ladefläche des PickUp zu tanzen. Ihr Johlen und Schreien durchdringt die Nacht. Wir rühren uns nicht, machen kein Licht. Leise ziehe ich meine Klamotten an und suche in der Zeltinnentasche nach dem Pfefferspray, während Anja unablässig unsere neue Gesellschaft beobachtet. Bereit, jedem Eindringling, der es wagt, die Stufen zu unserer Roof Top Lodge zu erklimmen, einen Willkommensgruß entgegen zu sprühen, liegen wir angespannt im Bett und warten ab. Hier oben in über zwei Metern Höhe fühlen wir uns zunächst sicher, da wir nicht so leicht angreifbar sind. Nicht nur gegenüber nassen Campgründen oder ekligem Krabbelgetier zeigt das Dachzelt jetzt seine Vorzüge. Auch jetzt fühlen wir auf unserem Autodach doch besser aufgehoben als auf Augenhöhe mit den unerwünschten Störenfrieden, wie es in einem herkömmlichen Zelt der Fall wäre. Über eine Stunde dauert der Tanz, bis die Jungs plötzlich wieder in ihr Auto springen und wegfahren. Während der ganzen Zeit gaben wir keinen Mucks von uns und bewegten uns so gut wie nicht. Die Kerle haben sich unserem Zelt nicht genährt, es eigentlich auch nicht wirklich beachtet, so, als parkten sie rein zufällig da vor uns. Dabei ließ die Zielstrebigkeit ihrer Platzwahl keinen Zweifel daran, dass sie genau wussten, dass wir hier campieren. Denn selbst bei Tageslicht ist der Ländy hinter der Hütte kaum zu entdecken, das wussten wir von einem Spaziergang am Nachmittag. Wir sind erleichtert, dass wir der Provokation stand gehalten haben und nichts weiter passiert ist. Friedlich sinken wir zurück auf die Matratze und schlafen bald ein.

Es vergehen vielleicht zwanzig Minuten, bis wir erneut hochschrecken. Irgendwer fummelt doch da unten am Auto herum! Ob die Kerle sich im Schutz der Dunkelheit angeschlichen haben und nun das Auto aufbrechen wollen? Diesmal schnappe ich mir die Taschenlampe und spähe hinaus. Ein streunender Hund zerrt im fahlen Lichtkegel der Lampe an unserer Mülltüte, die an der Heckleiter baumelt. Fluchend vertreibe ich den Vierbeiner, schließe die Tüte weg und lege mich endlich schlafen.

Eine SMS bringt Aufregung in unseren entspannten Tagesablauf: Zwei Freunde von uns verbringen ihren zweiwöchigen Urlaub ebenfalls in der Türkei – allerdings viel weiter südlich in der Nähe von Antalya an der Mittelmeerküste. Natürlich wäre es großartig, ein paar bekannte Gesichter zu treffen und somit ist kurzentschlossen klar: Kursänderung auf Süd/Süd/Ost. Mit Karte und Kompass, aber auch mit "try and error" bahnen wir uns den Weg über das zentrale Plateau und finden in den Bergen und am Rande der staubigen Pisten tolle, einsame Campplätze. Nachts ist der Himmel wolkenlos und mit unzähligen Sternen übersät. Auch jetzt versuchen wir, nur die kleinen auf der Karte eingezeichneten Straßen zu nutzen, um voran zukommen.

Auf genau so einer kleinen Straße ist es, die gerade verbreitert und modernisiert wird: Zuerst bemerke ich das Geräusch. Es klingt, als würde der Wagen nach einem Regenguss über die nasse Fahrbahn fahren. Dann erst nehme ich den Geruch von frischem Teer wahr, der sich gerade gleichmäßig über den gesamten Fahrzeugunterboden verteilt. Laut fluchend stoppen wir in der nächsten Haltebucht und steigen aus. Dicke, schwarze Teertropfen triefen in langen Fäden zäh und warm von Reifen, Kotflügeln und Stoßstangen. Außerdem ist auch der Rest des Ländys mit feinen schwarzen Teersprenkeln übersät. Verdammt! Anja kramt den Benzinkanister unseres Kochers und mehrere Rollen Küchenpapier aus dem Kofferraum. Gemeinsam versuchen wir, so das Gröbste vom Auto herunter zu waschen. Warum hatten wir nur die Warnschilder übersehen? Langsam und vorsichtig setzen wir unsere Fahrt neben der Fahrbahn fort, bis der frisch geteerte Abschnitt vorüber ist. Hinweisschilder auf die Straßenarbeiten gibt es jedoch nicht. Erst jetzt bemerken wir, dass wir nicht die einzigen Leidtragenden sind. Auch die wenigen anderen vorüber fahrenden Fahrzeuge haben eine unfreiwillige Unterbodenkonservierung erhalten.

Der kleine Ort Cirali, ungefähr neunzig Kilometer südwestlich von Antalya gelegen, bietet alles, was ein Overlander braucht: einen grandiosen Campplatz unter mächtigen Küstenkiefern nur wenige Meter vom Mittelmeer entfernt, ein paar kleine, aber mit allem Notwendigen ausgestattete Supermärkte und fliegende Gemüsehändler und Bäcker, die uns quasi im Vorüberfahren versorgen. Außerdem gibt's in unmittelbarer Nachbarschaft einen winzigen, sehr rudimentären, alternativen Campingplatz mit Strandbar, dessen zwei Besitzer äußerst entspannt sind. Das mag auch daran liegen, dass sich in ihren komisch geformten selbstgedrehten Zigaretten vielleicht nicht nur Tabak befindet … Jedenfalls erlauben die beiden uns, die Dusche und Toilette zu nutzen und auch ihr WiFi anzuzapfen, wenn wir einfach gelegentlich mal auf ein Bier rein schauen. Perfekt! Unsere Freunde Doro und Peter kommen jedes Jahr für zwei Wochen her, um im Herbst ein paar Tage auszuspannen. Das können wir gut verstehen! Auch uns gefällt es hier so gut, dass wir ungeplant eine ganze Weile bleiben und die Seele baumeln lassen.

Schon in Rumänien wurde mir klar, dass ich die Federn für die Hinterachse des Ländys zu schwach dimensioniert habe. Das Fahrzeug "hängt" nach hinten und die Federung schlägt gelegentlich bei starker Beanspruchung durch. Wir nutzen den Kontakt zu Suleiman. Ihm gehört die Pension, in der Doro und Peter wohnen, und er hat nichts dagegen, wenn ich gleich aus England einen neuen Satz verstärkter Federn an seine Adresse liefern lasse. Solange wollen wir hier bleiben, und das fällt uns leicht. Tiefenentspannt genießen wir die Sonne, gehen in den umliegenden Bergen wandern, unternehmen eine Bootstour und besichtigen alte römische Ruinen.

Vielleicht sind wir aber auch etwas zu tiefenentspannt. Denn als wir von einem Ausflug mit unserem kleinen Roten an unseren angestammten Platz zurückkehren, sind unsere beiden Stühle und der Tisch weg! Wir hatten sie leichtsinnigerweise für die kurze Zeit einfach dort stehen gelassen, weil wir zu faul waren, sie zu verstauen, genau wie ein paar andere Utensilien. Und nun: alles verschwunden! Wir ärgern uns über unsere Dummheit, eine "Fahndung" in der näheren Umgebung bleibt ohne Erfolg. Von nun an werden wir also auf dem Boden sitzend essen müssen.

Hier am Strand von Cirali begegnen wir erstmals einer größeren Zahl anderer Overlander. Manche waren schon da, als wir ankamen, manche sind auf der Durchreise und bleiben nur für eine Nacht. Eines haben sie alle gemeinsam: Sie fahren nach Osten oder kommen von dort, Indien, China, Australien …

Begeistert hören wir uns ihre Pläne an – und überdenken unsere. Schon einige Wochen sind wir unterwegs und immer wieder merken wir, dass uns etwas fehlt. Irgendwie gibt es keine richtige Spannung in unserer Tour, irgendwie fehlt Farbe. Wir verstehen uns prima, alles läuft wie geschmiert und auch das Wetter ist top. Doch irgendetwas fehlt. Unser Plan, bis in die Türkei zu fahren und von dort der Mittelmeerküste in Richtung Marokko zu folgen, ist sicherlich toll, aber bildet für uns doch keine echte Herausforderung. Als zu homogen haben wir Europa bis hierher empfunden. Natürlich gibt es imposante Landschaften und einsame Strände – aber uns reicht das nicht. Unser Plan wankt. Sollten wir vielleicht doch noch einmal über Iran und Co. nachdenken?

Eines wird nach einigen Tagen klar: Unsere neuen Federn werden Cirali nie erreichen. Suleiman erklärt uns, dass es keine Chance gibt, sie in Antalya aus dem Zoll zu bekommen. Tatsächlich bleiben alle Versuche und Telefonate erfolglos. So nah und doch so fern, müssen wir sie zurück nach England schicken lassen. Doro und Peter sind längst wieder in Deutschland und auch viele der kennengelernten Traveller sind weiter gereist. Uns hält hier eigentlich auch nichts mehr. Aber wohin sollen wir jetzt aufbrechen?

Suchbild – romantischer, einsamer Stellplatz in der Slowakei.

Kaum unterwegs: Fehlersuche bei der Bremsanlage.

Lagerfeuer-Romantik: Die wilde Landschaft der Karpaten bietet alles, was man dazu braucht.

Aufgepasst: Die Straßenverhältnisse in Rumänien sind häufig sehr abenteuerlich.

Symbolträchtig: Die Bosporusbrücke in Istanbul verbindet Asien mit Europa.

Unzulässig, aber funktional: Bremsleitungsreparatur kurz vor Izmir.

Ausgemistet: Nach sechs Wochen on the road wird alles "nicht Ange-fasste" nach Hause geschickt.

Traditionell: türkische Frauen bei der Zubereitung einer speziellen Teigware.

Gute Wasserqualität? Die Quellen am Wegesrand sind nicht immer vertrauenserweckend.

Eine leckere Gemüsepfanne vom Feuer, ein glutroter Sonnenunter-gang am menschenleeren Strand – was will man mehr!

*Ehemals griechisch: Viele alte Tempelanlagen bezeugen die Anwesen-
heit der Südeuropäer in der Antike.*

*Ein alltägliches Bild in der östlichen Türkei: Pferdegespanne und
Kohlköpfe, so groß wie Medizinbälle.*

Millionäre für dreißig Tage
Von persischen Banditen und iranischer Gastfreundschaft

Abenteuer: Ein Abenteuer (auch Aventüre, Robinsonade) ist eine riskante Unternehmung, die im Gegensatz zu alltäglichen Situationen steht. Ein wesentliches Elemet ist das Verlassen des gewohnten Umfeldes und des sozialen Kontextes um etwas Wagnishaltiges zu unternehmen. Motiv für eine entsprechende Unternehmung kann ein besonderes Interesse oder eine besondere Faszination sein, oder das Bestehen in einer gefährlichen Situation deren Ausgang nicht immer vorhersehbar ist.

"Come tomorrow!" meint die Angestellte der Botschaft. Ihr Tonfall lässt keinen Spielraum für Diskussionen.

"Ok, see you tomorrow", hören wir von ihrem deutlich enttäuschten Gegenüber, ohne ihn überhaupt zu Gesicht zu bekommen. Wir sind nur froh, dass die Aufforderung nicht uns gilt, wir sitzen bereits in dem kleinen Foyer vor unseren Visaanträgen.

Die Angestellte schließt die schwere Stahltüre in der Botschaftsmauer und kehrt über den schmalen überdachten und mit Stacheldraht abgeschirmten Zugang zurück ins Gebäude.

In ihrem grauen, halblangen Mantel und mit ihrem Kopftuch kommt sie uns wie eine Geheimdienstagentin vor, durch ihr selbstgefälliges Lächeln wirkt sie unsympathisch auf uns. Wir hocken in einem spärlich eingerichteten Raum vor einem flachen Tisch. Vier Lehnstühle, ein Schreibtisch und eine kleine Vitrine bilden die Möblierung. Den Boden ziert ein orientalischer Tep-

pich. An der Wand hinter mir hängt eine große topographische Landkarte des Iran, zwei verschossene Bilder zeigen Sehenswürdigkeiten des Landes. Neben der Eingangstüre befindet sich ein verspiegeltes Fenster zu einem Nachbarzimmer. Ich bin mir ziemlich sicher: Wir werden beobachtet.
Wo sind wir?

Eigentlich sollte Cirali in der Südtürkei der östliche Wendepunkt unserer Reise werden. Von hier aus wollten wir über Griechenland der Mittelmeerküste folgend bis nach Marokko reisen, um dem europäischen Winter zu entfliehen.

Doch unser Plan geriet genau in Cirali ins Wanken, als wir auf all die anderen Reisenden in ihren verschiedensten Fahrzeugen trafen. Gemeinsam saßen wir in den sternenklaren Nächten am Lagerfeuer, tranken bei lauen Temperaturen eiskaltes Bier, erzählten uns gegenseitig von unseren Plänen, tauschten Reiseerfahrungen aus. Viele von ihnen waren auf dem Weg nach Indien, manche hatten trotz aller Reisewarnungen gar vor, den Landweg durch Pakistan zu wählen. Eines war allen gemeinsam: Sie wollten durch den Iran und sie alle waren sowohl technisch wie auch planerisch kaum vorbereitet. So zum Beispiel die Schweizer: Sie waren zu fünft und reisten in zwei alten Mercedes Bussen. Es überraschte sie, als wir ihnen von gewaltigen Bergen in Iran berichteten, manche bis zu 4.000 Meter hoch, dass es dort schon im Herbst mächtig kalt werden kann und dass mitunter Streckenabschnitte wegen Schnee und Eis gesperrt werden. Die Schweizer hatten weder eine Standheizung installiert, noch Isolierung, auch ein Visum hatten sie noch nicht.

Aber das sollte es ja noch irgendwo im Nord-Osten der Türkei geben …

Wir werden an unseren eigenen, früheren Plan erinnert, auf dem Landweg Richtung Indien zu reisen – und an die Gründe, warum wir ihn verworfen hatten. Zum einen waren es die erwähnten klimatischen Bedingungen im Dezember. Ein anderer Grund war das Visum. Die Einreise muss ab Erteilung innerhalb von drei Monaten angetreten werden und das Visum ist ab dem Datum der Einreise dreißig Tage gültig. Wir konnten aber nur schwer abschätzen, wie schnell wir durch Europa reisen würden und wollten uns nicht von vornherein durch Termindruck selber geißeln. Das Visum erst in der Türkei zu besorgen, war eine vorher nicht diskutierte Option.

Unter den Globetrottern, die noch nicht weitergezogen sind, sind auch Tom und Anna. Sie reisen in ihrem alten VW T3 mit Klappdach ebenfalls Richtung Iran. Zwar wollen auch sie wie die meisten Indienfahrer per Fähre in die Vereinigten Arabischen Emirate übersetzen, dann allerdings von dort auf Achse in den Oman weiterreisen, um da den Winter zu verbringen. Es soll im Oman kaum Tourismus geben, saftig grüne Oasen, eine 1.700 Kilometer lange Küstenlinie, ewig weite Sanddünen und zu all dem Tagestemperaturen im Dezember und Januar um die dreißig Grad. Paradiesische Zustände! Spätestens jetzt sind wir infiziert: Ihr Plan gefällt uns ausgesprochen gut. Zudem finden wir die beiden, die etwa in unserem Alter sind, auf Anhieb sympathisch. Die zwei reisen allerdings bereits am nächsten Tag ab, da Tom wenig später von Izmir aus für einen Kurzaufenthalt nach Deutschland fliegen will. Spontan bietet er uns an, die langersehnten hinteren Heavy Duty-Spiralfedern mitzubringen, falls ich es schaffe, sie rechtzeitig an seine Postadresse in der Heimat schicken zu lassen. Wir bleiben also noch in Cirali und recherchieren während der nächsten zwei Tage alle wichtigen Informationen.

Es stellt sich heraus, dass es doch etwas gibt, das uns die anderen Traveller voraus haben: das Carnet des Passage. Dieses Dokument ist eine Art Reisepass für das Auto. Per in Deutschland hinterlegter Sicherheitsleistung ist eine Ein- und Ausreise in bestimmte Länder möglich, ohne das KFZ an der Grenze verzollen zu müssen. Für Iran und einige anderen weiter östlich folgenden Länder ist es zwingend vorgeschrieben und deshalb unerlässlich, ohne Carnet wäre eine Einreise mit eigenem Fahrzeug nicht möglich. Ausgestellt wird das Papier durch den heimischen Automobil-Club, in unserem Fall also dem ADAC.

Kurzerhand rufen wir bei der zuständigen Stelle des Clubs an. Ernüchterung tritt ein. Das Carnet muss in Deutschland beantragt werden, mit dem Originaldokument und der Originalunterschrift des Antragstellers. Eine Email oder ein FAX reiche nicht, versichert man uns am Telefon. Unsere Euphorie sinkt.

Doch wir finden das Dokument im Internet. Dort kann man es mitsamt allen erforderlichen Unterlagen herunterladen und ausdrucken. Aber wie bekommen wir den Antrag möglichst schnell auf den Schreibtisch der Sachbearbeiterin in Deutschland? Von Postkarten wissen wir, dass sie von der Türkei aus teilweise länger als zwei Wochen unterwegs sind.

Es kommt die rettende Idee: Tom könnte den fertig ausgefüllten Antrag mitnehmen und nach seiner Ankunft in einen deutschen

Briefkasten werfen. Wir haben sogar noch deutsche Briefmarken dabei! Wir rufen ihn an, er erklärt sich einverstanden. Es gibt nur ein kleines Problem: Sein Flug geht schon zwei Tage später, und er ist mittlerweile über sechshundert Kilometer von uns entfernt.

Eile ist geboten. In Windeseile packen wir zusammen und brechen am Nachmittag Richtung Westen auf.

Auf dem Weg stoppen wir in Kas. In diesem kleinen Örtchen suchen wir ein Internetcafé mit Drucker und Scanner, weil wir die Fahrzeugpapiere in Kopie mitsenden müssen. Das klingt einfacher, als es ist. Der Innenstadtbereich des Ortes ist nicht sonderlich groß. Zwar ist man hier an der Küste auf Touristen eingestellt, aber Internetcafés sind nur wenige auszumachen und eins zu finden, das dann sogar über einen Scanner verfügt, gleicht fast schon einem Wunder. Wir kaufen noch einen Briefumschlag, und weiter geht die hektische Fahrt.

Nach einer knappen Stunde auf der sich eng dahin windenden Küstenstraße beginnt es zu regnen, Wind kommt auf. Die Wetterlage entwickelt sich zu einem handfesten Unwetter. Der Regen prasselt mit solcher Wucht nieder, dass die Autos nur noch in Schrittgeschwindigkeit voran kommen. Wir sehen faktisch nichts mehr, die Scheibenwischer schaffen es selbst auf schnellster Stufe nicht, der Wassermassen auf der Windschutzscheibe Herr zu werden. Die Rinnsale am Straßenrand schwellen zu reißenden Bächen an.

In Koycegiz schaltet das Auto vor uns auf einmal die Warnblinkanlage an und stoppt. Wir halten neben ihm und sehen den Grund: Ein Fluss führt soviel Wasser, dass er die vierspurige Straße auf zwanzig Metern überspült. Die braune, brodelnde

Brühe hat eine enorme Strömung und führt einiges an Treibgut mit sich. Im Scheinwerferlicht watet eine Familie durch knietiefes Wasser und versucht erfolglos, mit allen möglichen Gegenständen den Fluten den Zufluss zu ihrem tiefer gelegenen Haus zu versperren. Wir beschließen, die Weiterfahrt auf den nächsten Tag zu verschieben und zunächst Schutz zu suchen.

Im Ort finden wir einen geeigneten Platz in einer Seitenstraße, gleich neben einem hohen, scheinbar unbewohnten Gebäude. Müde bauen wir im strömenden Regen unser Dachzelt auf und kriechen hinein. Leider sind wir noch keine zweihundert Kilometer weit gekommen ...

Am nächsten Morgen werden wir schon früh durch laute Verkehrsgeräusche und hektisches Treiben draußen geweckt. Wir lugen aus unserer Behausung und finden unsere "Nebenstraße" als belebte Hauptstraße wieder. Menschen hasten vorüber. Wir ernten neugierige, verstohlene Blicke und werden freundlich gegrüßt. Niemand stört sich an uns. Eilig bereiten wir ein Frühstück und packen zusammen. Der Regen hat sich gelegt, die Fahrt kann weitergehen.

Wir kommen gut voran. Eine gute Strecke vor Izmir will ich hinter einem Auto halten, das an einer roten Ampel stoppt. Ich trete die Bremse, das Pedal gibt nach und lässt sich fast bis zum Bodenblech durchtreten – ohne Bremswirkung! Sofort trete ich nach, einmal, zweimal, dreimal ... der Ländy steht! Das Herz schlägt mir bis zum Hals, das war knapp.

Langsam und vorsichtig rollen wir auf einen kleinen Parkplatz in der Nähe und inspizieren die Bremsanlage. Der linke vordere Bremssattel ist mit Bremsflüssigkeit besudelt. Als ich Anja bitte, die Bremse zu treten, während ich schaue, sprüht mir die Flüssigkeit unter hohem Druck aus einer Leitungsverschraubung entgegen. Die Leitung ist geborsten. Verdammt!

Unablässig rinnt die Flüssigkeit aus dem Leck, der Füllstand im Ausgleichsbehälter sinkt.

Es gelingt mir, die Wunde des Ländys provisorisch mit einem Spezialtape zu verbinden. An eine Weiterfahrt ist allerdings nicht zu denken.

Noch bevor uns eine Lösung für das Problem einfällt, eilt der Angestellte einer nahegelegenen Kunststofffirma heran, fragt, ob er helfen kann. Leider spricht er kaum englisch. Er zückt sein Handy, telefoniert, erklärt, gestikuliert. Fünf Minuten später hält neben uns ein Auto. Ein ölverschmierter Kerl springt heraus und lässt sich den Schaden zeigen. Unser Helfer deutet uns gestenreich auf türkisch, dass er den Schaden reparieren könne, dazu aber das Leitungsteil ausgebaut werden muss.

Er nimmt die Leitung mit und erscheint nach kurzer Zeit wieder, mit strahlendem Gesicht. Kurzerhand hatte er den defekten Teil abgeschnitten und das entsprechende Stück einer gebrauchten Leitung angelötet – eine Reparatur, die in Deutschland absolut unzulässig wäre. Aber es funktioniert! Zwar fordert unser Helfer ein für unser Gefühl unangemessenes Honorar, aber wir sind so froh, weiter fahren zu können, dass wir gerne bezahlen.

Gegen 21 Uhr treffen wir bei Anna und Tom in Izmir ein: gerade noch rechtzeitig, um ihnen die Dokumente mitzugeben!

Wir bleiben zwei Tage bei Freunden der beiden und bestellen die beschädigte Leitung per Express bei einem Land Rover-Händler.

Auf dem Weg zurück nach Cirali holen wir sie dann ab. Da der Einbau zehn Euro kosten soll, lassen wir ihn auch gleich erledigen, während man uns neben dem Auto heißen Tee serviert. Der Service ist absolut freundlich und professionell. Die Mechaniker sind von unserem Auto so begeistert, dass sie gleich in einem halben Dutzend um uns herum stehen und jeder mithelfen will. Für die Rückreise nach Cirali wollen wir uns eine Woche Zeit lassen, um im Anschluss das Carnet in Antalya in Empfang zu nehmen. Da sich die deutsche Botschaft in Antalya nicht in der Lage sah, unser Dokument in Empfang zu nehmen, soll es per Express gegen die Gebühr von 67,50 Euro bei DHL auf unseren Namen hinterlegt werden. Entspannt fahren wir gen Süden, wir haben es geschafft!

Dienstags – der Antrag war seit Donnerstag in der Post – rufen wir beim ADAC an, um uns über den Stand der Dinge zu informieren.
"Es tut mir leid, aber bisher ist hier noch nichts eingegangen!" lautet die Auskunft unserer sehr netten und engagierten Sachbearbeiterin. Naja, braucht´s diesmal vielleicht etwas länger, denken wir uns. Donnerstagvormittag rufen wir erneut an, immer noch Fehlanzeige. Wir sind enttäuscht, irgendwie will das mit unserem Carnet nicht klappen. Unsere Ansprechpartnerin rät uns, alle Unterlagen schon einmal einzuscannen und ihr digital zuzusenden, damit sie das Carnet anfertigen kann. Rausschicken könne sie es aber erst, wenn meine Originalunterschrift vorläge. Wir laufen los, drucken, scannen, suchen wieder ein Internetcafé, überlegen, nach Antalya zu fahren, um dort am Flughafen einen deutschen Touristen zu fragen, ob er unseren Antrag erneut mitnehmen würde und in der Heimat einwerfen könne, um Zeit zu sparen.

Am Freitagmorgen betreten wir erneut ein Internetcafé, um all unsere gescannten Unterlagen zu übersenden. Kaum unser Emailpostfach geöffnet, finden wir eine Mail des ADAC: Der Antrag sei eingetroffen, bearbeitet und das Carnet würde noch am gleichen Tag München verlassen. Erleichtert freuen wir uns über den prompten Service der "Gelben Engel"
.

Tatsächlich erreicht uns am Montagvormittag Mailpost von DHL Antalya. Jedoch kann ich außer meinem Namen nichts lesen, der Text ist auf türkisch verfasst.
Zurück auf unserem angestammten Platz in Cirali, bitte ich den Kellner unserer Stamm-Strandbar, die Email zu übersetzen. Der Text lautet:
"Hallo Herr Ebener,
Ihre Dokumente sind heute eingetroffen. Sie können sie entweder heute (Montag) bis 18:00 Uhr, oder aufgrund der Feiertage erst wieder am Samstag ab 9:00 Uhr bis 14:00 Uhr abholen. Bitte geben Sie mir Bescheid! Viele Grüße, ..."
Als wir die Übersetzung bekommen, ist es siebzehn Uhr, bis Antalya sind es neunzig Kilometer Landstraße – also gibt es vier Tage "Zwangsurlaub" in Cirali.

Samstags treffen wir gegen halb zwölf in Antalya ein. Wir hatten über Google Maps herausgefunden, dass die Adresse von DHL in der Nähe vom Flughafen liegt und denken uns, dass es sich sicher um die große Hauptabfertigung des DHL-Frachtverkehrs am Flughafen von Antalya handelt. Die Filiale muss ja leicht durch die drei großen roten Lettern auf gelbem Grund zu erkennen sein.

Über eine Stunde durchkämmen wir erfolglos die Region, und langsam wird die Zeit knapp. Wir bitten schließlich einen Taxifahrer, voraus zu fahren und uns so zu der Adresse zu lotsen. Zwar ist die entsprechende Straße nicht weit, aber auch er findet DHL nicht, muss immer wieder Passanten fragen. Während wir an einer Kreuzung auf ihn warten, entdeckt Anja hinter einem üppig belaubten Baum ein winzig kleines Büro mit den verheißungsvollen drei Buchstaben über der Tür. In dem nur ein Zimmer großen Betrieb gibt es außer einer Theke und einer Waage – nichts. Aber als ich eintrete, werde ich mit meinem Namen begrüßt! Und in dem lange erwarteten gelb-roten DIN A4-Umschlag steckt tatsächlich unser Carnet – vollständig und korrekt ausgefüllt! Unserem Orientabenteuer steht formell nun nichts mehr im Wege.

Noch am gleichen Tag reisen wir weiter entlang des Mittelmeeres. Wir durchqueren herrliche Bananenplantagen, in denen reichlich gelbe Früchte hängen. Bei Adana ändern wir unseren Kurs, es geht nun Richtung Norden. Bei weit geöffneten Seitenfenstern genießen wir die gemächliche Fahrt im lauen Lüftchen, das von draußen hereinströmt.

Ich hänge so meinen Gedanken nach, als Anja mich plötzlich mit einem "Autsch, mich hat was gestochen!" aus der Lethargie reißt. Grundsätzlich ist so ein Stich kein Grund zur Panik, aber Anja reagiert hochgradig allergisch auf Bienenstiche. Sofort gehe ich in die Eisen und halte auf dem Seitenstreifen, laufe ums Auto herum und reisse die Beifahrertüre auf. Im Fußraum kreiselt tatsächlich eine der so gefürchteten Bienen im Todeskampf. Die Einstichstelle an Anja´s Arm ist schon jetzt deutlich zu erkennen. Ich versuche, mit dem Mund den größten Teil des Giftes heraus zu saugen.

"Wo hast Du das Gegenmittel?", frage ich beunruhigt.

"Meinst Du wirklich, ich muss das nehmen? Sollen wir nicht erstmal abwarten, was passiert?"

"Auf keinen Fall!", protestiere ich. Zwar ist mir bewusst, dass wir erst seit einem guten Monat unterwegs sind und die Notfallmedikamente nur für zwei derartige Zwischenfälle mit uns führen. Jedoch befinden wir uns jetzt irgendwo im Nirgendwo, und die letzte größere Ortschaft hatten wir vor mehr als vierzig Kilometern passiert. Auf das türkische Rettungswesen will ich mich nicht verlassen und die Adrenalin-Notfallspritze will ich auch nicht gleich ausprobieren. Ich bestehe darauf, dass Anja die beiden flüssigen Notfallpräparate sofort einnimmt, bevor wir vorsichtshalber umkehren, um in der erwähnten Ortschaft ein Krankenhaus oder Arzt zu suchen.

Als Anja´s Arm während der nächsten Stunde nicht dramatisch anschwillt und sie auch sonst keine Anzeichen auf einen Allergieschock aufweist, setzen wir nach einiger Zeit die Fahrt doch wie geplant fort, denn eigentlich ist heute Kappadokien unser Ziel. Hier wollen wir uns wieder mit Anna und Tom treffen. Immer wieder stoppen wir unterwegs, um bei einem Kaffee einen Blick auf die Karte zu werfen und uns zu versichern, dass wir uns auf dem richtigen Kurs befinden.

Die letzte Pause ist schon eine Weile her, als Anja zu mir herüberblickt: "Wo ist denn eigentlich das Handy?"

Wir hatten es während der Pause benutzt, um unseren Freunden per SMS unsere Ankunft anzukündigen.

"Keine Ahnung, du hast es doch gehabt, oder?"

Sie hatte es vorne neben die Karte auf die Motorhaube gelegt. Das war vor vielleicht zehn Kilometern ...

Ich trete auf die Bremse, und getrieben von einem Funken Hoffnung schauen wir nach, ob das Telefon nicht vielleicht einfach nur unter das Reserverad gerutscht ist. Aber wir können es nicht finden. Das Handy ist unser einziges Gerät, mit dem wir mit Anna und Tom in Verbindung treten konnten, und ohne das Telefon wäre ein Treffen in der weitläufigen Landschaft Kappadokiens ein unwahrscheinlicher Zufall. Wir drehen also um und fahren im Schritttempo und bei eingeschaltetem Warnblinklicht die Strecke bis zu der Stelle zurück, an der wir unsere letzte Pause gemacht hatten.

Fehlanzeige!

Wieder drehen wir und wiederholten das Manöver auf der gegenüberliegenden Fahrbahn, die suchenden Blicke fest auf den Boden gerichtet.

"Der Junge da, der hat gerade was aufgehoben!"

Anja deutete mit dem Finger auf einen vielleicht Siebenjährigen, der etwas entfernt die Fahrbahn überquert. Auf der anderen Straßenseite nimmt seine Mutter ihn an die Hand, und gemeinsam verschwinden die beiden in einer kleinen Seitengasse. Unsicher, ob wir die Verfolgung aufnehmen sollen, drehe ich erneut und fahre zu dem Punkt, wo die beiden in der Gasse verschwunden sind. Da sind sie wieder! Immer wieder dreht sich der Kleine um. Anja steigt aus und läuft den beiden hinterher. Vom Auto aus sehe ich, wie die drei sich wild gestikulierend austauschen, bis sie gemeinsam langsam zurück kommen. Der Junge führt uns zögernd an eine Stelle am Straßenrand, bückt sich und zaubert tatsächlich unser Telefon aus dem hohen Gras hervor! Scheinbar hatte er bemerkt, dass wir ihn beobachteten und das Handy wohl aus Angst, erwischt zu werden, wieder weggeworfen.

Wir sind erleichtert, mindestens die SIM-Karte gerettet zu haben und bedanken uns deswegen herzlich bei Mutter und Sohn. Äußerlich hat das Gerät einige Schrammen und ist abgeschaltet. Wir schalten es ein, das Display ist noch intakt und wenige Sekunden später begrüßt uns die vertraute Melodie zur PIN-Eingabe. Es funktioniert einwandfrei! Spätestens jetzt hat es sich doch gelohnt, irgendwann einmal ein so klobiges, aber eben sehr robustes Outdoor-Handy gekauft zu haben.

Unser Rendezvous mit Anna und Tom klappt perfekt. In einem kleinen Straßencafé in Göreme erzählen wir uns aufgeregt gegenseitig von den Erlebnissen der letzten Wochen. Gemeinsam bestaunen wir später die Felsbehausungen, die hier vor vielen Jahren von den Menschen in die weiche, bizarr geformte Felslandschaft gehauen wurden.

Morgens – es ist noch fast dunkel – wecken uns stoßartige Fauchgeräusche, die mal näher, mal weiter weg erscheinen. Vom Dachzelt aus beobachten wir überall um uns herum um die sechzig Heißluftballons, die in die sanfte Morgendämmerung aufsteigen.

Jeden Tag fahren sie, um Touristen die eindrucksvollen Felsformationen im besonders weichen Licht des Sonnenaufgangs zu präsentieren.

Die Temperaturen liegen hier im zentralen Hochland um diese Jahreszeit nachts um den Gefrierpunkt, und auch tagsüber wird es mittlerweile recht kühl. Wir müssen uns mit unserem Dachzelt auf einiges gefasst machen.

Irgendwo auf einer halbwegs ebenen Stelle in den Bergen bocke ich den Ländy auf und tausche die schwachen Federn gegen die von Tom mitgebrachten stärkeren Heavy Duty-Exemplare. Unser Gefährt steht nun endlich gerade, und die Federn schlagen auch auf der übelsten Piste fortan nicht mehr durch.

Gemeinsam mit Anna und Tom sind wir weiter unterwegs, mit Kurs Nordost auf Schotterpisten und kurvigen Landstraßen durch wunderschöne Bergpanoramen.

Genau auf einer solchen Landstraße ist es, als wir unerwartet hinter einer Kurve das Ergebnis des rasanten, gefährlichen Fahrstils einiger Türken mitansehen müssen. Ein Kleinwagen und eine Mercedes S-Klasse stehen sich vollkommen zerstört auf der Fahrbahn gegenüber. Überall liegen Trümmerteile verstreut, der Kleinwagen ist als Hochzeitsauto geschmückt. Davor liegt ein Mann auf der Fahrbahn. Die frontale Kollision muss erst wenige Minuten her sein. Nur wenige andere Autos sind an der Unfallstelle. Ich schnappe mir unseren Verbandskasten und laufe rüber zu dem Kleinwagen, will helfen. Überall Rufe, die Menschen schreien aufgeregt durcheinander. Das Gesicht des Mannes am Boden ist von blutenden Schnittwunden übersät, aber er ist bei Bewusstsein. Neben ihm kniet bereits ein Ersthelfer, der dem Verletzten eine Halskrause anlegt. Ich spähe kurz ins Innere auf die Rücksitze des Wagens, ob sich sonst noch jemand im Fahrzeug befindet, aber das Auto ist leer. Dann laufe ich zu dem schwarzen Mercedes hinüber. Alle Airbags haben sich geöffnet, im Fahrzeug läuft geisterhaft Entspannungsmusik. Der Fahrer liegt ohne Bewusstsein auf dem Rücken hinter seinem Gefährt. Einige Menschen umringen ihn, um zu helfen. In der Überzeugung, hier nichts weiter tun zu können, kehre ich zum Ländy zurück. Stumm und beklommen setzen wir unsere Fahrt fort und erreichten am Abend Trabzon.

In der Stadt am Schwarzen Meer befindet sich das östlichste iranische Konsulat der Türkei.

Hier soll die Beschaffung des Touristenvisums laut Internet am problemlosesten funktionieren.

Gleich am folgenden Tag, einem Montag, schellen wir an der Pforte. Die eingangs erwähnte Mitarbeiterin öffnet, um uns kurz und bündig mitzuteilen, dass wir am Mittwoch wieder kommen sollen. Heute und am Dienstag würden keine Visa ausgestellt, da in der Türkei Feiertag sei. Unsere Nervosität schlägt in Enttäuschung um, resigniert ziehen wir ab und überlegen, wie wir die beiden Tage verbringen wollen.

In Erwartung einiger vor uns liegender kalter Wochen, in denen wir möglicherweise auch Frostperioden durchstehen müssen, beschließen Anja und ich, unsere Standheizung irgendwie auch im Dachzelt nutzbar zu machen. Wir ziehen also los und durchforsten die Baumarktmeile in Trabzon nach verwertbarem Rohrleitungsmaterial.

Das Ergebnis ist eine Konstruktion aus fünfzig Millimeter-Kunststoffwasserrohr und Winkelverbindern mit deren Hilfe es uns tatsächlich gelingt, die warme Luft in unser "Schlafzimmer" zu leiten. Welch ein Luxus!

Wir verbringen die Nacht vor einem wunderschönen alpenähnlichen Panorama hoch oben in den Bergen am Uzungöl. Kaum verschwindet die Sonne hinter den Gipfeln, wird es bitterkalt –

beste Voraussetzungen, um unsere neue Errungenschaft gleich zu testen.

Am nächsten Morgen begrüßt uns Tom mit einem fröstelnd-fröhlichen "Mann, war das scheißekalt! Lebt ihr noch?" Die beiden schlafen zwar im Bus, hatten aber vor der Reise die Standheizung aus Platzgründen ausgebaut, was sie von nun an fast jeden Tag bereuen werden. Tom´s Außenthermometer loggte eine Tiefsttemperatur von minus acht Grad Celsuis, wir schliefen wohlig tief und fest und merkten von der Kälte draußen nichts.

Am Mittwoch morgen stehen wir pünktlich um neun Uhr wie befohlen vor dem Eingang der Botschaft und schellen. Man bittet uns herein. Während wir die zweiseitigen Anträge ausfüllen, prüft man unsere Reisepässe. Es herrscht eine angespannte Stille, und Tom ist so aufgeregt, dass seine Hand zittert, Schweiß perlt von seiner Stirn. Die Benutzung der Toilette wird ihm verweigert.

Alle nach uns eintreffenden Traveller werden gleich an der Pforte mit dem kurzen Satz "Come tomorrow!" abgefertigt. Obwohl bei den Beschäftigten keine wirkliche Betriebsamkeit zu beobachten ist, scheint es, als würden unsere Anträge die Bearbeitungskapazität zumindest für diesen Tag ausreizen, vielleicht gar sprengen. Wir sollen um fünf Uhr wiederkommen, dann wären unsere Visa fertig.

In der Zwischenzeit muss jeder von uns fünfundsiebzig Euro auf das Konto der Botschaft einzahlen. In der Bank lässt man uns über zwei Stunden warten und ist anschließend nicht in der Lage, unsere türkischen Lira in Euro zu tauschen. Der Verweis auf den Exchange-Automaten in der Schalterhalle ist sinnlos, da wir kein Konto bei dem Institut haben und dieser daher für uns nicht funktioniert. Erst als sich die Filialleiterin einschaltet, geht's auf einmal doch.

Aufgeregt von einem Fuß auf den anderen tretend, klingeln wir genau um fünf Uhr wieder an der Tür der Botschaft, um unsere Visa in Empfang zu nehmen.

"Come tomorrow!" schallt es blechern aus dem Außenlautsprecher. Das darf doch nicht wahr sein!

Wahrscheinlich kann die "Geheimdienstagentin" unsere entgeisterten und fassungslosen Gesichter durch die Kamera sehen. Jedenfalls erscheint sie jetzt doch noch persönlich an der Tür, um sich zu entschuldigen – wir hatten mit unseren vier Anträgen tatsächlich die Kapazität gesprengt.

Am nächsten Vormittag ist es endlich soweit, wir erhalten unsere Visa mit einer Aufenthaltserlaubnis von dreißig Tagen. Nach dieser Zwangspause geht die Reise mit Vollgas weiter Richtung Osten. Bis zur Grenze sind es noch fünfhundertfünfzig Kilometer.

In Agri lassen wir noch einmal unsere Wäsche waschen. Der Besitzer der Wäscherei will für die zwei Maschinen voll dreckiger Wäsche keinen Lohn, serviert uns statt dessen Tee und lädt uns zu sich nach Hause ein, zum Abendessen mit anschließender Übernachtung. Wir möchten lieber weiter, wissen aber seine Gastfreundschaft sehr zu schätzen, verabschieden uns und tauschen Email-Adressen.

Dogubeyazit heißt der letzte größere Ort vor der iranischen Grenze. Gelegen am Fuße des Mount Ararat, dem höchsten Berg der Türkei, war dieser Ort in den Siebzigern verrufen als Treffpunkt von Gaunern und Schmugglern. Tatsächlich ist das Flair hier ganz anders als in den Städten, die wir bisher kennen lernten. Kleine schäbige Läden drängen sich dicht an dicht. Auf den verdreckten, schlechten Straßen herrscht geschäftiges Treiben und viel Verkehr. Dennoch begegnen uns die Menschen auch hier sehr offen und hilfsbereit.

Auf "Murat´s Camping" bereiten wir uns auf die Ausreise vor. Der Platz hat außer uns keine Gäste und ist sehr günstig, nur die sanitären Einrichtungen lassen uns den nötigen Toilettengang schnell vergessen. Wir frischen unsere Vorräte auf, checken die Autos noch einmal durch.

Am Morgen des fünften November macht sich unser kleiner Konvoi auf den Weg, um die letzten fünfunddreißig Kilometer bis zur Ausreise zu bewältigen.

Die Grenze kommt in Sicht. Am Fahrbahnrand stehen dutzende LKWs, die auf die Zollabfertigung warten, hektisch laufen die Fahrer zwischen ihren Fahrzeugen umher.

Wir werden durchgewinkt, bis vor ein kleines Gebäude. Ein älterer Kerl stoppt uns, ich kurbele das Seitenfenster herunter.

"Passport, Passport!" ruft er. Wir übergeben ihm die Pässe, mit denen er im Gebäude verschwindet. Nach ein paar Minuten erscheint er wieder mit unseren Papieren.

"Want to change money? How much?"

Da es in Iran aufgrund der Wirtschaftssanktionen nicht möglich ist, mit EC- oder Kreditkarten zu bezahlen, möchten wir tatsächlich Geld tauschen. Tom und ich fragen nach dem Kurs und überreichen dem Grenzer jeweils zwanzig US-Dollar. Es herrscht eine enorme Hektik um uns herum, es wird gehupt, Menschen rufen. Unser Gegenüber zieht ein gewaltiges Bündel Geld aus seiner Westentasche und beginnt rasend schnell auf türkisch zu zählen. Dann drückt er Tom und mir jeweils einen Stapel Scheine in die Hand. Ich will nachzählen, doch er drängt uns zum Auto.

"Go to customs, quick, quick!"

Widerwillig klemme ich mich hinters Steuer, überreiche Anja das Bündel Geld, rolle langsam los.

"Zähl´ mal bitte nach ...!"

Anja zählt 200.000 Rial – 580.000 hätten es sein müssen. Ich gehe in die Eisen, Tom hält neben uns. Die beiden haben sogar nur 175.000 Rial für ihre zwanzig US-Dollar bekommen!

"Den schnapp´ ich mir!" schwöre ich und springe aus dem Ländy. Schnell habe ich den Gauner ausgemacht. Als ich ihn anspreche, fühlt er sich gleich ertappt. Ich drücke ihm unsere Rial in die Hand und fordere lautstark die Dollar zurück. Widerstandslos rückt er die Zwanzigdollarnote heraus, auch Tom sieht sein Geld wieder. Erst viel später wird uns klar, dass dieser Kerl mit der offiziellen Abfertigung gar nichts zu tun hatte, sondern einer der vielen üblichen Banditen in Grenznähe war.

Die erste "wirkliche" Station des Grenzübertritts ist der türkische Zoll.

Hier werden unsere Pässe schnell und problemlos mit dem "Exit"-Stempel versehen. Dann fahren wir zur eigentlichen Grenze. Die besteht im Wesentlichen aus einer Doppeltor-Anlage, ein türkisches und ein iranisches Tor, das stolz in den Nationalfarben des Landes glänzt. Langsam und quietschend öffnen sich die beiden Gitter. Wir rollen durch, die Tore schließen sich, wir sind in Iran!

Von nun an wird alles sehr unübersichtlich. Obwohl wir als westeuropäische Touristen den türkischen und iranischen Menschenmassen aus irgendeinem Grund vorgezogen werden, ist für uns nicht wirklich erkennbar, was gerade vor sich geht. Die Abfertigungshalle ist voller Menschen, es wir gedrängelt, geschubst, geflucht und gerufen, in der Luft hängt Schweißgeruch. Bald haben wir unsere Pässe und Carnets aus den Augen verloren, sie wandern durch zahllose Hände, um ganz woanders wieder aufzutauchen.

Wir sollen zu den Autos kommen, die Zollkontrolle steht an. Wir sind nervös, befürchten, den gesamten Inhalt unserer Vehikel ausräumen zu müssen. Aber weit gefehlt: Der Zollbeamte wirft einen flüchtigen Blick ins Innere der Autos, überprüft die Fahrgestellnummern und stempelt die Carnets. Finish!

Von Beginn der Einreiseformalitäten an hatten wir einen gebrochen englisch sprechenden Ansprechpartner. Er ist mittelgroß, leicht untersetzt und von asiatischem Aussehen. Der Mann begleitet uns von Station zu Station und nennt sich selbst "Helper", wir nennen ihn "den Chinesen". Wir freuen uns über den Service und hatten bereits im Reiseführer von solchen offiziellen "Helpern" gelesen.

Kurz vor dem Verlassen des Zollgeländes fordert er die Bezahlung von 400 Euro, weil mein Auto ein Dieselfahrzeug sei. Wir weigern uns.

Wir hatten gelesen, dass es in der Vergangenheit Tankkarten an der Grenze zu kaufen gab, um Touristen die Teilnahme am iranischen Tankkartensystem zu ermöglichen und um einige Rial Steuern zusätzlich einzunehmen. Wir wissen aber auch, dass dieses System abgeschafft worden ist. Der Chinese meint, kein Problem, er könne uns da helfen. Wenn wir 130 Dollar bezahlen, würde er uns ohne den erforderlichen Stempel vom Gelände schaffen. Da wir Korruption ablehnen, verweigern wir weiter die Bezahlung.

Mittlerweile hat unser Chinese Verstärkung bekommen. Zu dritt stehen sie vor uns, beraten sich auf Farsi, der iranischen Landessprache, und sind deutlich nervös.

Wir haben bereits unsere gesamten Papiere zurück und könnten eigentlich einfach losfahren. Auch Anja und ich beraten uns, immer wieder versucht der Chinese, eines unserer Dokumente in die Finger zu bekommen, um ein Druckmittel in den Händen zu haben.

Wir entscheiden uns, den offiziellen Weg zu gehen – falls es den überhaupt gibt. Verwundert über unseren Entschluss gucken uns die drei an und begleiten uns zu einem Büro, um dort die Formalitäten zu erledigen. Anja schaut noch mal im Reiseführer nach, entdeckt irgendetwas über Dieselbezugsscheine in Abhängigkeit von der Fahrstrecke. Nun werden wir nervös. Natürlich möchten wir keine 400 Euro abdrücken. In letzter Sekunde entscheiden wir uns doch für den "kleinen Dienstweg" und einigen uns auf die Zahlung von 100 Euro. Nach über einer Stunde Verhandlungen liegen unsere Nerven blank und wir sind froh, als wir das Gelände hinter uns lassen können.

Glücklicherweise verschwindet die Grenzstation schnell aus den Rückspiegeln und unsere beiden Fahrzeuge stechen wie Prototypen aus der iranischen KFZ-Monokultur hervor. Es gibt kaum unterschiedliche Fahrzeuge, so scheint es sich bei zwei von drei Mittelklassewagen um Peugeot 405 zu handeln. Als PickUps gibt es hier genau zwei Modelle eines iranischen Herstellers: Das schwerere ist immer blau, das der zweieinhalb-Tonnen-

Klasse ist beige. Dafür kann der Liebhaber alter LKW einige interessante Exemplare an sich vorbeibrausen sehen, wie alte Mercedes-Rundhauber und viele alte US-Trucks aus den sechziger und siebziger Jahren.

Wir reihen uns ein und stellen fest, dass sich der Fahrstil im Vergleich zu dem der Türken noch einmal verschärft und es besondere Verkehrsregeln gibt. Für Motorräder gibt es beispielsweise – keine. Die Fahrer der Fülle der 125er können sich im Straßenverkehr frei und nach eigenem Gutdünken bewegen, erklärt uns später ein Teppichhändler in Esfahan. Dass die Bikes kreuz und quer, gegen die Fahrtrichtung, über rote Ampeln und auf Gehwegen unterwegs sind, und das meist sehr rasant, ist alltäglich und völlig legal. Der vorhandene Sturzhelm ist entweder schützend über den Scheinwerfer gestülpt oder baumelt lässig am Ellenbogen des Fahrers. Wir können bis zu vier Passagiere plus Krad-Piloten auf den armen Mopeds zählen. Hinzu kommt, dass die Iraner eine inbrünstige Ablehnung gegen das Fahren mit Licht hegen – selbst wenn es stockdunkel ist. Schalten wir das Abblendlicht vor absoluter Dunkelheit ein, werden wir vom Gegenverkehr mit permanenten Lichthupensalven bestraft. Wir treffen einige andere Reisende, die sogar von der Polizei angehalten wurden, mit der Aufforderung, am Nachmittag das Licht auszuschalten.

Fahrbahnmarkierungen sind hier eigentlich überflüssig, da sich auch hier auf dreispurigen Straßen oft fünf Fahrzeugreihen nebeneinander ihren Weg suchen. Gefahren wird halt dort, wo Platz ist.

Vollkommen erschöpft von der Aufregung und den Strapazen des Tages fragen wir in Quara Ziya einen Taxifahrer nach einem

Campingplatz. Er bittet uns, ihm zu folgen.

Wenig später stoppen wir vor einem Gebäude mitten im Ort, ein älterer Herr erwartet uns bereits.

Hassan ist der Besitzer eines betagten Gasthauses mit einem großen Innenhof. Schnell manövrieren wir unsere Fahrzeuge auf den Hof, Hassan schließt das Tor – endlich ist Ruhe.

Er zeigt uns das rustikale Bad mit Dusche und erklärt, wir seien die einzigen Gäste, da das Gasthaus im Moment geschlossen sei. Als wir nach dem Preis fragen, erscheint ein breites Grinsen auf Tom´s gestresstem Gesicht: 50.000 Rial. Das entspricht ungefähr einem Dollar und siebzig Cent. Es ist also wahr … Iran soll ein enorm günstiges Reiseland sein. Lebensmittel, Unterkunft und natürlich Diesel (der Liter zu drei Cent) kosten hier fast nichts. Endlich günstig reisen ... wir jubeln!

Als es per Vorkasse ans Bezahlen geht, wird uns der Unterschied zwischen Tuman und Rial deutlich gemacht: Ein Tuman sind zehn Rial. Diese inoffizielle Begrifflichkeit ist zu vergleichen mit zehn Pfennig und einem Groschen. Hassan meinte natürlich Tuman! Somit verteuert sich der Preis um Faktor zehn und wir finden die Übernachtung im eigenen Auto auf dem Innenhof seines Gasthauses auf einmal gar nicht mehr so günstig. Zerknirscht bezahlen wir und fühlen uns zum dritten Mal an diesem Tag über den Tisch gezogen.

Welcome to Iran!

Zügig fahren wir weiter Richtung Tabriz.

Auf einer zweispurigen Straße durchqueren wir ödes und karges, steppenartiges Gebiet, an den wenigen Grasbüscheln und Büschen wehen mitunter Plastiktüten im Wind. Irgendwie stellt sich der oft beschriebene orientalische Charme von Tausend und einer Nacht nicht ein.

In Tabriz selbst herrscht am frühen Nachmittag das absolute Verkehrschaos. Gefangen in einem Hupkonzert quälen wir uns durch den zäh fließenden Verkehr, ohne wirkliches Ziel.

Irgendwo soll es hier einen Campingplatz geben, der auch noch ziemlich zentral liegen soll.

An einer Gabelung stoppen wir, um uns zu beraten. Sofort sind wir von einer Menschentraube umringt und werden herzlich willkommen geheißen. Unter den Leuten ist auch JJ. Er spricht fließend englisch und verspricht, uns zum Elgöli-Camppark zu bringen.

JJ besitzt einen dieser blauen PickUps und will voraus fahren.

Am Elgöli angekommen, erkundigt er sich für uns, arrangiert einen Stellplatz und wartet, bis alles "in trockenen Tüchern" ist, bevor er sich verabschiedet, hocherfreut, dass wir uns seine Heimat ansehen wollen.

Hier treffen wir auf eine Gruppe Österreicher – "die Ösis". Die vier reisen in einem Mercedes Sprinter und einem Fiat Ducato und wollen an den angesagtesten Stränden ihrem Sport, dem Kitesurfen, nachgehen.

Am nächsten Tag sind wir in Anna´s und Tom´s Bus unterwegs in die Innenstadt. Als ich von der berühmten Blauen Moschee ein Foto schießen möchte, sprechen uns zwei Herren an. Auch sie freuen sich, Touristen in Tabriz zu sehen. Tom möchte weitere Dollar tauschen, was auf dem Bazar der Stadt am besten funktionieren soll. Wir fragen die beiden Männer nach dem Weg. Kurzerhand bringen sie uns nicht nur zum Bazareingang, sondern führen uns hindurch, kaufen uns eine heimische Teesorte, halten einen kleinen historischen Exkurs ab – alles während ihrer Arbeitszeit. Sie servieren uns später Tee in ihrem Büro und wir erfahren zum ersten Mal von der Ablehnung des Volks gegen den Regierungsstil der iranischen Regierung. Die beiden Ingenieure sind nicht religiös und empfinden den Islam und die Einbindung der Religion in die Politik als Geißel für die Entwicklung ihres Landes. Am Ende laden sie uns zu sich nach Hause ein. Tom geht es leider nicht so gut, er und Anna möchten lieber die turbulente Stadt hinter sich lassen und etwas ausspannen.

Wir verlassen Tabriz am späten Nachmittag, nun allerdings in unterschiedliche Richtungen.

Anja und ich fahren im Ländy Richtung Süden. Wir wollen nach Kandowan, einem kleinen Ort ähnlich dem in Kappadokien, in denen die Menschen Behausungen in den Fels gemeißelt haben. Tatsächlich empfinden wir den Ort als Miniatur-Pendant, an dessen Ortsende sich eine schmale Schotterpiste hinauf in die kargen Berge schlängelt. Auf der Suche nach einem Schlafplatz folgen wir dem Pfad. Allmählich wird es dunkel, im Scheinwerferlicht führt der Weg über das erste Schneefeld. In Ermangelung eines geeigneten Stellplatzes, dafür aber ausgestattet mit einer guten Portion Neugierde, wo dieser rustikale Weg wohl auskommen mag, fahren wir immer weiter bergan.

Vielleicht vier Stunden später haben wir die Orientierung vollends verloren. An unzähligen Weggabelungen sind wir abgebogen, immer in der Hoffnung, den richtigen Weg für unseren anvisierten Kurs zu finden. Mittlerweile ist es absolut finster.

Erst am nächsten Morgen, nach einer kalten, sternenklaren Nacht und weiteren zwei Stunden Fahrzeit hat der Ländy wieder

Asphalt unter seinen Stollen. Wir erkennen, dass wir versehentlich einen nicht auf der Karte verzeichneten, 3.700 Meter hohen Pass überquert hatten. Manchmal wäre ein GPS-Gerät, zumindest als Ergänzung zu der Karte und dem Kompass, doch hilfreich.

Wir wechseln den Kurs und düsen unseren Gefährten in den Norden hinterher.

Sareyn ist ein bekannter Thermalort. In zahlreichen verschiedenen heißen Quellen kann man hier die heilsame Wirkung des mineralhaltigen Wassers ausprobieren. Hier treffen wir auch "die Ösis" wieder. Gemeinsam wollen wir planschen gehen – das geht allerdings nur nach Geschlechtern getrennt. Der Islam verbietet, dass sich Männer und Frauen spärlich bekleidet begegnen. Zudem ist es nicht verheirateten Paaren untersagt, sich zusammen in der Öffentlichkeit zu zeigen. Ein legales, voreheliches Kennenlernen ist deswegen eigentlich nicht möglich und produziert ein gefährliches, aber notwendiges Versteckspiel, will man seinem zukünftigen Partner vor der Hochzeit näher kommen.

Wir strecken unsere Glieder in dem verdächtig gelblichen Wasser aus (angeblich Schwefel ...) und werden von allen Seiten neugierig beäugt.

Das iranische Volk lebt sehr unter sich. Tourismus ist faktisch nicht existent, ihre Reisefreiheit ist stark eingeschränkt. Erfahrungen mit der restlichen Welt machen vor allem junge Iraner lediglich durch Internet und TV.

Es dauert nicht lange, bis sich der Kreis um uns herum schließt und enger wird. Bald werden wir von Männern unterschiedlichsten Alters ausgefragt, besonders die Wahrnehmung des Irans im

Ausland liegt ihnen am Herzen. Ein interessanter Austausch stellt sich ein.

Unsere Gesprächspartner sind sehr interessiert, sehr höflich, aber zurückhaltend. Wieder fällt uns die Ablehnung gegen die Politik und Religion ihres Landes auf, verbunden mit dem Wunsch des Einzelnen nach Freiheit. Überall bieten uns die Männer ihre Hilfe an, schreiben uns ihre Telefonnummer auf. Die in westlichen Medien oftmals propagierte Darstellung der Menschen hier als radikale und intolerante religiöse Fundamentalisten empfinden wir zunehmend als böses Spiel. Gemeinsam diskutieren wir friedlich und sogar humorvoll über Islam, Christentum und Atheismus.

Auf der anderen Seite des Bades macht Anja mit Sandra, dem Mädel in der Gruppe der "Ösis", ihre Erfahrungen mit der iranischen Frauenwelt, von denen sie mir später angeregt berichtet.

Bei den Gesprächsthemen der iranischen Mädels überwiegt, nachdem auch hier die anfängliche Distanz überwunden wurde, das Interesse an familiären Dingen.

"Wie alt bist du?"

"Gibt es einen Mann?"

"Wie viele Kinder hast du?"

"Gefällt dir der Iran?"

Wir haben uns kurz vor der Einreise in den Iran noch eheähnliche Ringe besorgt, um gesetzeskonform zu erscheinen. Auch ist es eher schwierig, die Rolle unverheirateter Beziehungen oder fehlende Religiosität zu erklären – so geben wir uns diesbezüglich nicht ganz ehrlich.

Im Bad selbst gibt "Frau" sich ganz ungezwungen. Mit dem Fehlen des Kopftuches schwinden auch sonstige Hemmungen, und

ob mit oder ohne Badebekleidung wird unter der Dusche ge-
schrubbt, was das Zeug hält. Ohne Scheu betrachtet man sich
gegenseitig, es wird viel gelacht, und jede will ein par Worte mit
der Europäerin wechseln. Körperlich wird wenig Distanz gehalten. Ein beherztes Kneifen in die Wange ersetzt den mangelnden
Wortschatz, um die Freude auszudrücken, hier zusammenzu-
kommen. Die Damen zeigen offen ihre Zuneigung, indem sie
ihr regelmäßig eine Schüssel mit heißem Wasser über Schulter
oder Rücken gießen. Es geht sogar soweit, dass der Scheuer-
schwamm der Nachbarin unter der Dusche Verwendung bei Anja
findet. Nach der Überwindung einiger Hemmschwellen fällt es
ihr nach einer Weile mit einem Grinsen über die Situation schon
leichter, die Offenheit der Frauen untereinander anzunehmen.

Insgesamt wird Anja als Touristin in der Öffentlichkeit sowieso
besonders beäugt – von Frau und Mann. Egal, wo wir hingehen,
es wird geguckt, getuschelt, gelächelt – aber alles in allem nie
unangenehm. Frauen verbergen ihre Neugierde wenig, schauen
Anja offensiv an und zeigen unvermittelt durch ein anerkennen-
des Lächeln ihr Interesse, auch wenn es im Vorübergehen nicht
zu solch offener Ansprache kommt, wie wir es von den Männern
erleben.

Bezüglich der Kleiderordnung nehmen wir einen deutlichen Unterschied zwischen Stadt- und Landbevölkerung wahr, so wie
wir es schon in der Türkei erlebten. In den ländlichen Gegenden
ist Frau weniger präsent und stark verhüllt. Hier trifft man die
schwarze Burka oder den Chador, der den gesamten Körper,
auch das Gesicht, komplett verdecken kann, öfter an. Im städti-
schen Raum ist das weniger der Fall, dort begegnet uns das gesamte Spektrum der Kleidervielfalt. Das Verbot konturenbeto-

nender Überbekleidung ist aufgrund des wachsenden Drucks aus der Bevölkerung erst in jüngster Zeit etwas aufgeweicht. Durften die Iranerinnen bis dato nur im knöchellangen Mantel die Straße betreten, ist es nun ausreichend, wenn der Po durch ein entsprechendes Stück Oberbekleidung verdeckt wird. Darunter kleidet man sich teilweise sehr westlich: Jeans, Leggings, vom Turnschuh bis zum Highheel. Allgegenwärtig ist das gesetzlich vorgeschriebene Kopftuch, auch wenn dessen Handhabung in großen Städten eher als modisches Accessoire bezeichnet werden kann. Stark geschminkt und das Kopftuch gerade noch auf der hinteren Frisur schwebend, erleben wir die Muslimin zum Teil sehr selbstbewusst. Auch die Frau in Iran will ihre Schönheit zeigen!

Auch für Anja ist das Kopftuchtragen Pflicht. Sogar die Fotos für den Visumantrag hatte sie mit bedecktem Haupt machen müssen. Anfänglich ist diese Pflicht ein Grund für Anja, sich mit einigen neuen Tüchern auszustatten und in Geschäften ausgiebig danach zu stöbern. Doch sehr schnell muss sie feststellen, dass das tägliche frühmorgendliche Umlegen, das schon erledigt sein muss, bevor sie aus dem Dachzelt steigt, wirklich eine Kunst für sich ist. Jeden Morgen ist es eine kleine Herausforderung für sie, die meist nicht zufriedenstellend ausfällt. Ist es wie üblich gebunden, hält das Ding nie den ganzen Tag, wie es soll, ständig wird gezupft und im Rückspiegel neu gerückt. Voller Neid beobachtet sie einmal ein kleines Mädchen im Park, das sich während des Schuhanziehens mal eben die Kopfbekleidung in Perfektion neu steckt, und das in Windeseile. Gelernt ist eben gelernt! Nie sehen wir eine Frau ohne Kopftuch – es scheint tatsächlich eine absolute Gewohnheit und nicht nur Pflicht zu sein.

Später, auf einer Damentoilette, steigt Anja hinter das Geheimnis des perfekten Kopftuchbindens: Sie beobachtet, dass unter dem Tuch nicht immer die vermutete prächtige Haarpracht thront, denn meist stehen die Kopftücher weit vom Kopf ab. Darunter befindet sich statt dessen oft eine mächtige Tüllschleife, die dem Kopftuch diesen schicken Halt gibt. Ich kann Anja gerade noch davon abhalten, sich solch ein künstliches Haarteil zu kaufen. Das Tuch wird von nun an "zigeunermäßig", ähnlich einem Zopf, gebunden. So hängt ihr nicht ständig etwas im Gesicht herum und die Akzeptanz ist dennoch gewahrt – geguckt wird so oder so, daran müssen wir uns gewöhnen.

Porentief sauber und reichlich aufgeweicht verlassen wir erst kurz vor Mitternacht das heiße Nass von Sareyn.

"Die Ösis" haben einen Stellplatz ganz hier in der Nähe, für unseren kleinen Roten soll dort auch noch Platz sein. In dichtem Nebel mit Dauerregen schließen wir uns ihnen an – und verfahren uns. Während wir auf der Straße herumstehen und uns beraten, spricht uns ein junger Iraner an. Er hatte unsere ausländischen Autos gesehen und war uns in seinem Geländewagen gefolgt. Darius, so sein Name, bittet uns, bei ihm zu übernachten, er habe einen großen Hof. Dreimal lehnen wir ab. Mehr, um endlich Ruhe zu finden, geben wir schließlich nach und folgen ihm, was sich als goldrichtige Entscheidung erweist.

Im strömenden Regen parken wir die drei Autos im geräumigen Innenhof und verabreden uns am nächsten Morgen mit Darius zum Frühstück.

Um Punkt zehn Uhr holt er uns ab und führt uns in seine spartanisch eingerichtete Zwei-Zimmer-Wohnung. Hier begrüßt er uns mit den Worten: "In my home is freedom!" Auch er lehnt jegliche Form der Unfreiheit und des Drucks ab, die die Iraner seiner Ansicht nach unter der Regierung zu erleiden haben. Mit "freedom" ist vor allem das Kopftuch-Gebot und das Alkoholverbot gemeint. Der Genuss von Alkohol und sogar Tanz sowie das Spielen von Musik in der Öffentlichkeit sind streng untersagt.

Schon bald verabschiedet sich Darius, denn eigentlich muss er schon bei der Arbeit sein. Er überlässt uns kurzerhand seine Wohnung und verschwindet, voller Vorfreude auf den bevorstehenden gemeinsamen Abend mit uns.

Wir wollen für ihn kochen, und zwar typisch europäisch! Natürlich gibt's Spaghetti Bolognese, nur vegetarisch, da wir dem Gehackten in der Frischetheke nicht trauen. Außerdem wollen wir musizieren: Zwei von "den Ösis" haben ihre Gitarren mitgebracht und zudem ein Cajón, das ich schlagen will.

Der Abend wird ein voller Erfolg. Nach kiloweise Spagetti, "Country Road", "Marmor, Stein und Eisen bricht", vielen anderen Klassikern und dem Genuss von selbst gemachtem, kräftigen Wein gehen wir erst spät schlafen.

Wir verlassen Sareyn und folgen "den Ösis" nordwärts in Richtung Kaspisches Meer. Immer wieder werden wir von der Polizei kontrolliert. Oft sind an markanten Straßenkreuzungen Polizei- und Militärcheckpoints eingerichtet, teilweise werden wir aber auch von mobilen Polizeistreifen angehalten. Dann werden immer die Pässe kontrolliert – manchmal müssen wir auch einen Blick ins Innere unseres Autos und der Kisten zulassen.

Allein machen sich Anja und ich auf nach Massoulee. Die Strecke führt über eine malerische Passstraße und Schotterpisten hinauf in den in Terrassen angelegten Bergort. Leider ist das ganze Örtchen in Nebel und Regenwolken gehüllt, genau wie wir es während der Tage am Kaspischen Meer erleben mussten. Unsere Art zu reisen ist einfach nicht optimal, wenn das Wetter sich von seiner nassen Seite zeigt und die Temperaturen deutlich unter zehn Grad liegen. Bald brechen wir aus den Bergen auf in Richtung Teheran.

Irgendwo auf der Strecke halten wir an einem gut ausgestatteten Rastplatz. Mit regelrechter Euphorie entdecken wir eine Espresso-Maschine und WiFi-Internet! So etwas zu finden sowie das Einkaufen in Iran gestaltet sich nämlich als recht schwierig. Es gibt nur kleinere Geschäfte, so dass wir uns vieles zusammensuchen müssen, und westliche, vertraute Produkte sind selten. Wir leiden, insbesondere ich, denn es gibt weder Nutella noch Espresso zu kaufen. War ja auch nicht zu erwarten. Das vor allem durch die Amerikaner verhängte Wirtschaftsembargo wirkt allerdings schon etwas albern auf uns, wenn man an jeder Ecke das amerikanischste aller amerikanischen Produkte kaufen kann: Coca Cola!

Genau aus diesem Grund ist die Freude groß, als uns auf besagtem Rastplatz ein mit Milch aufgeschäumter Cappuccino serviert und der Zugangscode zum Internet überreicht wird. Wir staunen nicht schlecht, als wir feststellen, dass sowohl Anja´s als auch mein Postfach-Provider durch die iranische Regierung geblockt wird. Wir können weder Emails schreiben noch lesen.

Ein letztes Mal wollen wir gemeinsam mit "den Ösis" campieren, bevor sich unsere Wege endgültig trennen. Am vereinbarten Treffpunkt können wir sie nicht finden, plötzlich erreicht uns ein Notruf.

Die vier waren falsch abgebogen und in der Hoffnung, weiter unten im Verlauf der einspurigen, eng gewundenen Bergstraße einen Platz zum Wenden zu finden, diese immer weiter hinunter gefahren. Dort hatten sie sich nicht nur mit ihrem Gefährt im losen Schotter festgefahren, sondern kamen nach dem Wendemanöver auch die enorme Steigung nicht mehr hinauf.

Als wir sie endlich finden, ist das gesamte nahe Bergdorf auf den Beinen und hat sich um den weißen Bus versammelt. Es ist laut, die Menschen beratschlagen, wie sie den Wagen wieder flott bekommen, und bald wird klar: Nur Muskelkraft reicht nicht aus.

Wir setzen uns vor den Fiat und verknüpfen die Fahrzeuge mit einem Bergegurt. Bei eingelegtem Kriechgang und Differentialsperre wollen wir versuchen, den Ducato, knappe dreieinhalb Tonnen schwer, wieder auf die Hauptstraße zu bringen. Erst im dritten Anlauf gelingt es, den Wagen frei zu bekommen. Der Ländy kreischt, spuckt schwarze Rauchwolken und zieht schließlich den Bus mit durchdrehenden Rädern den Berg hinauf und um die Serpentinen herum. Die Leute sind begeistert, jubeln und klatschen.

Nach der erfolgreichen Bergung bleiben wir noch eine Weile in Dorf, um mit der Gemeinde zu essen – wieder nach Geschlechtern getrennt. Wir bekommen ein typisch iranisches Gericht aufgetischt, das anlässlich eines Feiertags im Gemeindehaus zubereitet wurde. Die Menschen sind enttäuscht, als wir uns später verabschieden – sie hatten für uns sechs schon in verschiedenen Haushalten des Dorfes Unterkünfte für die Nacht organisiert.

Am folgenden Tag durchqueren wir zwar Teheran auf dem Weg nach Semnan, die Hauptstadt bleibt aber wegen ihrer enormen Größe und der verstopften Straßen voller Trubel unbeachtet. Semnan ist für uns der Ausgangsort der geplanten "Kavir-Wüstenexpedition". Hier ist es auch, wo wir uns wieder mit Tom und Anna treffen, um genau dieses Abenteuer gemeinsam anzugehen.

Am Morgen des 16. November schreiben wir in unser Reisetagebuch: "Heute beginnt die Durchquerung der großen Kavirwüste ..." Wir sind sehr gespannt, und ich spüre, wie die Abenteuerlust in mir kribbelt. Für uns alle ist es die erste Berührung mit einer Wüste.

Wir verlassen Semnan gegen zehn Uhr. Links und rechts der recht guten zweispurigen Asphaltstraße gibt es hügelige Kiesebenen und Geröllberge soweit das Auge reicht, darauf karge, verdorrte Grasbüschel. Die Kavir ist eine Stein- und keine Sandwüste wie die Sahara.

Es muss etwa eine Stunde später sein, als sich die Straße gabelt. Wir entscheiden uns für die linke Piste, was sich als schwerer Fehler erweisen wird.

Nach einigen hundert Metern erreichen wir einen Schlagbaum mit einem Pförtnercontainer daneben. Wir halten, ich steige aus und grüße den Mann in der Pförtnerbude mit einem ortsüblichen "Salam!"

"Passport!", brüllt er mir barsch entgegen.

Wir überreichen unsere vier Pässe, es gesellen sich vier weitere Soldaten zu unserer Gruppe, von denen jeder eine andere Uniform trägt, drei von ihnen sind in Badelatschen. Scheinbar stehen wir vor der Zufahrt zu einem Militärstützpunkt. Wir sollen unsere Fahrzeuge an die Seite fahren und warten, währende der Pförtner heftig und laut telefoniert. Anfangs glauben wir noch, dass man uns vielleicht mit Geleit die paar Meter durch den Stützpunkt passieren lässt, was sich dann wenig später als doch etwas naiv herausstellt.

Wir warten schon seit eineinhalb Stunden – neben den Pässen sind mittlerweile auch unsere Kameras, Laptops und Handys im "Gewahrsam" der Soldaten – da erscheint ein weißer Kleinwagen und liefert den offensichtlich Vorgesetzten des Sauhaufens ab. Der Mann trägt einen schwarzen Anzug und trotz der Bullenhitze darunter einen schwarzen Rollkragenpulli.

Als er uns begrüßt, strahlt aus seinem buschigen Vollbart ein freundliches Lächeln hervor.

Seine vorderen Schneidezähne sind leicht bräunlich und auch nicht mehr so ganz komplett, was vermutlich daran liegt, dass die Iraner während ihrer Lieblingsbeschäftigung, dem Teetrinken, Unmengen an Zucker konsumieren. Um ihrer Meinung nach dem Genuss die Krone aufzusetzen, kippen sie den Zucker nicht einfach ins Getränk, vielmehr halten sie bei jedem Schluck ein Stückchen Würfelzucker zwischen den vorderen Schneidezähnen, während sie das Heißgetränk daran vorbei schlürfen. Wir können das Phänomen eines schlechten Gebisses hier tatsächlich häufig beobachten.

Noch wie gebannt in die Betrachtung seines Gesichtes versunken, holt mich die Realität zurück ins Geschehen. Wilde Diskussionen sind im Gange.

Wir glauben immer noch, dass die unangenehme Situation sicherlich gleich vorüber sein wird und wir unsere Fahrt zurück nach Semnan antreten können.

Leider Fehlanzeige.

Auch der Bärtige vertröstet uns, wir sollen warten, es käme gleich sein Chef. Was für ein Aufwand! Seine Aussage: "But no problem, don´t worry!" verwundert mich dann schon, warum sollte ich mir auch Gedanken machen, wir haben doch nichts falsch gemacht? Es dauert noch einmal ungefähr eine Stunde, bis ein weißer Nissan PickUp am Schlagbaum auftaucht. Vier dunkel gekleidete Männer steigen aus und führen zwei große Alukoffer mit sich. In gutem Englisch befragen sie uns, unser Reiseroutenverlauf wird genau rekonstruiert.

Dann verschwinden alle vier für über eineinhalb Stunden im Container. Mit dem Ergebnis, dass wir zurück nach Semnan eskortiert und dort der Polizei übergeben werden. Angeblich hätten wir dort zur Wüstendurchquerung eine Genehmigung einholen müssen. Unsere Pässe und die anderen beschlagnahmten Dinge würden wir dort wieder bekommen.

In Semnan fährt der PickUp zielstrebig auf ein großes Gebäude zu, das mitsamt seinem großen Hof von hohen, mit Stacheldraht bewährten Mauern umgeben ist. Das grüne Stahltor öffnet sich, der Wagen fährt hindurch.

"Ich werd ´nen Teufel tun und da rein fahren!"

Stattdessen biege ich vor dem Komplex auf den breiten Seitenstreifen ab. Sofort beordert uns einer der Uniformierten, ebenfalls hinein zu fahren. Wir haben keine Wahl. Der PickUp verlässt das Gelände wieder, das Tor schließt sich. Spätestens jetzt verspüre ich ein mulmiges Gefühl.

Erneut werden wir verhört, diesmal von der Polizei, erneut werden unsere Kameras, Handys und Laptops überprüft. Offenkundig stehen wir unter Spionageverdacht! Ein Dolmetscher wird hinzugezogen.

Nach über fünf aufreibenden Stunden in Polizei-/Militärgewahrsam erhalten wir unser Eigentum zurück und dürfen die Fahrt fortsetzen. Allerdings soll uns die Wüste verwehrt bleiben. Uns wird befohlen, unsere Tour ab Esfahan fortzusetzen. Dorthin sollen wir per Autobahn und im Transit, also ohne irgendeinen Aufenthalt gelangen.

Mit einer Mischung aus Sprachlosigkeit und Wut über diesen in unseren Augen absolut sinnfreien, fast schon lächerlichen Zeitraub wollen wir den Offiziellen aber keine zweite Chance geben, uns festzuhalten, und wir geben unseren Autos die Sporen.

Esfahan erreichen wir erst am Nachmittag des folgenden Tages. Nach einer ersten Erkundung der Stadt wird klar, dass wir hier mehr Zeit als nur eine Übernachtung verbringen möchten. Wir bestaunen einige der kulturellen und religiösen Highlights wie den großen Basar, den Pavillion Hasht Behesht und einen der größten Plätze der Welt, den Meidan-e Emam, bevor wir Esfahan zwei Tage später verlassen. Allerdings allein und gen Osten, denn Anja und ich haben das Thema Kavir-Wüste noch nicht abgeschlossen. Wir wollen im Ländy fernab jeglicher Militärstützpunkte erneut einen Vorstoß vom Süden der Wüste her wagen. Der "Schlenker" von fast 1.000 Kilometern lohnt. Wir durchqueren mal auf Asphaltstraßen, mal auf Schotterpisten meist menschenleeres und ursprüngliches Terrain, wagen es, auch abseits aller Wege durchs Gelände zu fahren und übernachten zwei Nächte in der Einsamkeit dieses unwirtlichen, aber faszinierenden Lebensraums.

Bei Mesr freuen wir uns wie kleine Kinder über die ersten "richtigen" Sanddünen aus puderzuckerfeinem Sand.

Zurück in Richtung Yazd führt uns der Weg über einen hohen Gebirgsrücken. Es pfeift und regnet ganz ordentlich, draußen ist es bitterkalt. Wir haben die Wüste an diesem dritten Tag der Exkursion schon hinter uns gelassen, als wir gegen zehn Uhr am Abend wegen dichtem Nebel und ausschließlich arabischer Straßenbeschilderung die Orientierung vollends verloren haben. Gerade sind wir im Auto mit der Karte beschäftigt, um unseren Standort herauszufinden, da hält neben uns ein weißer Kleinwagen. Wir werden freundlich begrüßt, und zwei Sätze später laden der Fremde und seine Frau uns zu sich nach Hause ein. In unserer Ratlosigkeit folgen wir Familie Jafary gern.

Zu unserer Überraschung gibt es im Wohnzimmer keinen Tisch und keine Stühle. Alle sitzen einfach auf dem üppig mit Perserteppichen ausgelegten Fußboden. Leider sprechen wir ja kein Farsi und die beiden wie ihre Kinder kaum englisch. Es entsteht dennoch ein interessanter Austausch, der auf beiden Seiten von Neugierde geprägt ist.

Als wir später das Haus verlassen, um im Dachzelt zu schlafen, sind unsere Gastgeber fassungslos. Selbstverständlich müssen wir drinnen schlafen! Schnell wird das Kinderzimmer frei geräumt, die beiden Halbwüchsigen müssen heute bei den Eltern schlafen.

Nach einem liebevoll zubereiteten, landestypischen Frühstück mit viel Tee, Nüssen, Brot aus Hefeteig und Honig verlassen wir die vier und versuchen uns verschämt mit einer Honigmelone für ihre großartige Gastfreundschaft zu bedanken.

Unser nächstes Ziel heißt Shiraz.

Noch immer hält der Regen an, und so ist es nicht verwunderlich, dass wir bei der Überquerung des letzten Passes mit Schnee und Eis zu kämpfen haben. PKWs bleiben stecken, der Verkehr kriecht im Schneckentempo. Auf der Südseite des Passes stellen wir erleichtert fest, dass das Wetter aufklart und es allmählich wärmer wird.

Shiraz ist eingebettet in ein herrliches Tal, umgeben von imposanten Bergen, fruchtbaren Feldern und Plantagen.

Ungefähr siebzig Kilometer vor der Stadt liegt Persepolis. Es ist bereits später Abend, als wir in die Zufahrtsstraße zu dieser beeindruckenden Stätte einbiegen. Links und rechts entlang der Straße parken Autos, die meist jungen Leute sitzen in Gruppen zusammen, rauchen Shisha oder grillen auf kleinen Feuern. Es gibt einen bewachten Parkplatz, auf dem wir uns einquartieren und uns in der hinterletzten Ecke verstecken. Eine Dusche zu nehmen wäre jetzt nämlich toll, und das bedeutet in Iran einiges an Vorbereitung. Nicht auszudenken, wenn ein Stückchen nackter Frauenkörper zu erspähen wäre – das könnte hier tatsächlich zu ernsten Problemen führen.

Während der Fahrt hierher haben wir einen unserer Wasserkanister mit Hilfe eines 12V-Tauchsieders auf ungefähr vierzig Grad erhitzt. Ich manövriere unser Gefährt bis auf einen knappen Meter rückwärts an eine dichte Hecke heran. Dann spannen wir bei geöffneter Hecktüre eine Plane so ab, dass sich aus dieser Kombination eine – zugegebenermaßen etwas dürftige – Duschkabine ergibt. Während Anja freudig quiekend hinterm Heck mittels Tauchpumpe und Brausekopf duscht, stehe ich vorn Schmiere. Sie lässt mir sogar etwas warmes Wasser übrig …

Bei strahlendem Sonnenschein statten wir am nächsten Morgen dem ehemaligen Zentrum des antiken Perserreichs einen Besuch ab. Das Areal von beachtlichen Ausmaßen beherbergt eine Vielzahl teils gut erhaltener, antiker Gebäude, welche immer noch ausgegraben werden, schon seit vor dem Zweiten Weltkrieg auch durch deutsche Archäologen. Alexander der Große war es, der diese Stätte nach einer Niederlage der Perser niederbrannte.

Auf besagtem Parkplatz fällt uns auf, dass sich mittlerweile die Dachkante verformt hat, wohl unter der Last des Dachträgers in Kombination mit den Waschbrettpisten der Kavir.

Um die Last flächiger zu verteilen, wollen wir möglichst bald ein Winkelprofil zur Verstärkung unter die Füße des Dachzelts schieben.

Bei der ersten Schlosserei am Straßenrand stoppen wir und bitten den Inhaber, uns bei diesem Vorhaben zu unterstützen. Da der Gute kein Wort englisch spricht, dauert es eine Weile, bis klar wird, was wir wollen. Auch ein passendes Winkelprofil hat er in seiner leider nur rudimentär ausgestatteten Werkstatt nicht. Beim Eisenhandel um die Ecke besorgen wir flott ein größeres Profil, dann beginnt unser Handwerker, einen Schenkel des Winkels mit dem Trennschleifer Zentimeter für Zentimeter schmaler zu schneiden – was bei zweimal knapp einem Meter eine ganz schöne Arbeit ist. Insgesamt dauert die "Operation" eineinhalb Stunden. Sie gelingt, und unser Helfer verlangt für seine Arbeit inklusive Material 200.000 Rial, das sind ungefähr fünf Euro.

In Shiraz wollen wir einen Servicestop einlegen – nicht für den Ländy, sondern für uns. Auch wenn unsere spartanische Art zu reisen viele Vorzüge mit sich bringt – es gibt auch Kehrseiten. Faktisch ist keine Privatsphäre vorhanden, das gesamte Leben spielt sich draußen ab. Insbesondere in Iran stört uns das zeitweise nicht nur wegen des nasskalten Wetters im Norden. Die Iraner sind vermutlich aufgrund ihrer Isolation so neugierig und offenherzig, dass es uns schwer fällt, Ruhe zu finden. Dauernd stellt sich jemand vor, will uns zum Tee einladen oder uns in ein Gespräch verwickeln. Wir werden überall angesprochen: beim Tanken, Einkaufen oder einfach auf der Straße. Unsere ungewöhnliche, ihnen unbekannte Art zu reisen tut ihr Übriges dazu. Einerseits finden wir es großartig, so positiv aufgenommen zu werden, andererseits sind wir aber auch nicht immer zum Plaudern aufgelegt – zumal viele Iraner nur sehr dürftig englisch sprechen. In Iran zu reisen heißt, einfach viel Kontakt mit den Menschen dort zu haben.

Unsere Kleidung muss gründlich gereinigt werden, und das Dachzelt soll mal richtig durchtrocknen. Deshalb gönnen wir uns kurzerhand ein ordentliches Hotel, mit einem angenehmen Doppelzimmer und mit einer richtigen Dusche! Wir genießen es sehr, nun eine Rückzugsmöglichkeit zu haben und mal nicht nur eine Zeltwandstärke von der Öffentlichkeit getrennt zu sein. Obschon, genau wie in Esfahan, auch in Shiraz das ersehnte orientalische Flair mit seinen Moscheen und Basaren deutlich spürbar ist, schauen wir uns die Stadt in den kommenden zwei Tagen nur etwas halbherzig an. Lieber ziehen wir uns zurück und entspannen, genießen die hier selten vorhandene Privatsphäre.

Am Ende werden wir sagen, dass uns genau dieser südliche Teil des riesigen Landes vor allem landschaftlich am besten gefallen hat.

Unsere letzte Etappe durch Iran steht an: Es sind achthundert Kilometer bis Bandar Abbas am Persischen Golf. Noch einmal durchqueren wir karges Gebirge und steile Passstraßen, müssen uns an vielen Polizeiposten ausweisen, einer der Beamten denkt sogar, bei unseren Zusatzscheinwerfer handle es sich um Kameras!

Es ist wieder angenehm warm. Wir finden zwei wunderschöne einsame Campplätze in den Bergen und genießen die Stille und Einsamkeit. Gerade sind wir damit beschäftigt, ein Foto von einem Kamelwarnschild zu schießen, als kurz darauf tatsächlich eine kleine Herde dieser hier wild lebenden Säuger mit dem markanten Höcker eilig die Fahrbahn überquert. Wir halten kurz inne, um ihnen gleich darauf mit den gezückten Kameras nachzusetzen, hinaus in die Weite der Wüste.

Bandar Abbas verfügt über einen der größten Seehäfen in Iran und ist somit das Tor für viele Güter des Ex- und Imports. Wir treffen Anna und Tom wieder und wollen drei Tage später von Bandar Abbas übersetzen in die Vereinigten Arabischen Emirate, kurz VAE. Diese letzten drei Tage verbringen wir in einer Art Picknick Park, gleich am Meer gelegen. Viele Iraner, insbesondere junge Menschen, treffen sich auch hier, um gemeinsam zu grillen oder Shisha zu rauchen. Es ist kein Wunder, dass wir ausgerechnet hier interessante Bekanntschaften machen, die unseren positiven Eindruck von diesem im Westen so gefürchteten Land noch verstärken. Immer wieder fällt uns auf, dass der politische Kurs der Isolation und die Einbindung der Religion in die Politik einer nicht unbeträchtlichen Zahl der Iraner ein Dorn im Auge ist.

Am 30. November steht die Verschiffung an. Das Überprüfen der Pässe, Carnets und Fahrzeuge, das Beschaffen der Frachtdokumente und der Tickets sowie das Verladen artet aus in ein heilloses, chaotisches Hin und Her. Wir werden von Station zu Station gescheucht, müssen hier einen Stempel einholen und dort eine Unterschrift leisten. Einmal befinden wir uns in einem kreisrunden Saal, an dessen langen Wänden ein gutes Dutzend Sachbearbeiter hinter ihren Schreibtischen sitzen. Abgesehen von ihnen ist niemand im Saal, und sie machen einen recht gelangweilten Eindruck auf uns. Wir müssen von Schalter acht zu Schalter drei und dann wieder zu Schalter sieben. Wir werden hin und her gescheucht, ein logischer Zusammenhang in diesem Ritual ist für uns nicht erkennbar. Vielleicht dient es letztendlich der Unterhaltung der Beamten, schießt es mir verwegen durch den Kopf …

Am Ende verlässt die "Iran-Hormuz 14" gegen zweiundzwanzig Uhr Bandar Abbas mit Kurs Al Jarjah, VAE.

Wir finden einen Platz auf dem Autodeck, der VW T3 und unser roter Ländy sind die einzigen Frachtstücke an diesem Abend. Laue Seeluft umweht uns, unser Blick schweift zurück über die bunt beleuchtete Stadt. Das Hupen der vielen Autos im dichten Stadtverkehr dringt noch an unser Ohr.

Wir haben viel gelernt in den letzten Wochen.

Nie zuvor haben wir eine solch offene, herzliche und warme Gastfreundschaft erlebt. Nie zuvor haben wir die manipulierende Kraft der Medien bei uns zuhause so gespürt wie hier. Und nie zuvor haben wir eine so enorme Unzufriedenheit über die eigene politische Situation spüren können, wie bei den Menschen in Iran.

Uns ist klar: Der Drang nach Freiheit und Selbstbestimmung wird mit Sicherheit siegen.

Fraglich ist nur, wann, und fraglich ist, ob es hier – im Gegensatz zu Syrien – friedlich gelingen kann.

Tatsächlich geschafft: Wir halten das lang ersehnte Carnet de Passage in Händen.
Felsen mal anders: Interessante, teils bizarr geformte Sandstein-formationen in Kappadokien.

Endlich getauscht: Stärkere
Heavy Duty Exemplare ersetzen
die überforderten Federn.

Fast in Iran: Der Mount Ararat
ist der höchste Berg der Türkei.

Gemeinsame Sache: Mit Anna und Tom fahren wir ab Kappadokien
gemeinsam Richtung Iran.

Garantiert authentischer Herkunft: Teppiche auf dem großen Bazar von Tabriz.

Angepasst: Das Kopftuch ist auch für Anja in Iran überall obligatorisch.

Multikulti: deutsch-iranisch-österreichischer Partyabend in Dariou's Wohnung.

Auf dem Weg nach Massoulee: spannende und actionreiche Offroad-passage.

Nicht immer angenehm: Camping auf über 2.000 Metern bei frostigen Temperaturen.

Mehr geht nicht: Das Ladevolumen iranischer Transportfahrzeuge ist oft mehr als ausgereizt.

Was das Herz begehrt: bunte Gewürzvielfalt auf dem Souk in Esfahan.

Der bedeutendste Platz in Esfahan: Meidan-e Emam.

*Mühsames Geschäft: zentimeter-
weises Verschmälern mit einem
überdimensionalen Trennschleifer.*

*Ziel erreicht: Trotz keiner ge-
meinsamen Sprache oder Schrift
gelingt die Reparatur.*

Wüsten, Wadis und andere Abenteuer
Im Ländy kreuz und quer über die arabische Halbinsel

Expedition: Als Expedition (lat. von expedire "losmachen") gilt eine Reise, deren Sinn und Ziel die Erkundung, Entdeckung und/oder Erforschung entlegener oder unerschlossener Gegenden unserer Erde ist.

9:28 Uhr: Deutlich sind die ersten Städte und Siedlungen der arabischen Halbinsel zu erkennen. Obwohl die Sonne erst seit wenigen Stunden den Tag erhellt, brennt sie bereits jetzt gnadenlos in unsere Gesichter. Nur selten weht der Wind eine frische, kühlende Brise zu uns hinauf aufs Deck.

Wir schreiben den 05.05.1435. Zumindest nach persischer Zeitrechnung. Wir halten uns aber lieber an den gregorianischen Kalender, und laut diesem haben wir heute den 01. Dezember 2013. Gegen zehn Uhr legen wir im Frachthafen von Al Sharjah, Vereinigte Arabische Emirate, an. Wir haben mit der eher kleinen Autofähre "Iran-Hormuz 14" in den vergangenen elf Stunden die lächerliche Distanz von ungefähr 150 Kilometern zurückgelegt und damit die Straße von Hormuz überquert. Warum das Schiff für die Passage so unendlich lange unterwegs war, bleibt für uns ein ungeklärtes Rätsel. Jedoch ist unser Interesse auch vielmehr auf den neuen, direkt vor unseren Augen liegenden Reiseabschnitt gerichtet, der vermutlich den östlichen Wendepunkt unseres Abenteuers markieren wird.

Im Hafen geht es beschaulich zu. Vier Inder warten unten am Kai, um das Schiff zu vertäuen. Wir verlassen den Kahn und werden zusammen mit den anderen Passagieren in kleinen Bussen und PickUps in eine überschaubare, angenehm klimatisierte Arrival-Halle transportiert. Der Ländy muss vorerst im Bauch des Schiffes warten. Überall beobachten wir Menschen, die entspannt ihrer Arbeit nachgehen und freundlich winken, wenn sich unsere Blicke treffen.

Obwohl nur die schmale Meerenge die arabische Halbinsel vom iranischen Festland trennt, ist es, als ob wir hier eine ganz andere Welt betreten. Das wird uns nicht erst in der Ankunftshalle klar. Bereits vom Schiff aus sahen wir die gesamte Palette der neuesten Modelle vornehmlich japanischer und amerikanischer Geländewagenhersteller.

Die Abfertigungsprozedur läuft äußerst geordnet und kontrolliert ab. Jeder hat einen Sitzplatz und wird einzeln von einem uniformierten Zollbeamten zum Einreiseschalter gebeten. Wenn wir an das haarsträubende Chaos und Durcheinander vom Vortag auf iranischer Seite zurückdenken, begegnen wir hier einer durchaus angenehmen Handhabung der sonst eher lästigen Bürokratie.

Im Gegensatz zu den Iranern sind die Emiratis alles andere als unter sich. In wenigen Tagen werden wir lernen, dass 80 Prozent der Menschen, die in den VAE leben, Inder, Pakistani, Bangladeschi, Thais und andere Ethnien sind, die meist als Wirtschaftsflüchtlinge in diesem boomenden Land ihr Auskommen und vor allem Sicherheit suchen. Aber das wissen wir jetzt noch nicht. Dem ersten "echten" Araber begegnen wir, als der zuständige Beamte für die Einreisevisa seinen Schalter besetzt. Er ist vielleicht Ende zwanzig, von schmächtiger Statur und in ein weißes knöchellanges Gewand gehüllt. Auf dem Kopf trägt er ein typisches rot-weiß-kariertes Arabertuch, das durch ein Stück schwarzer Kordel auf seinem Haupt fixiert ist. Seine Füße sind lediglich mit Ledersandalen bekleidet, an seinem linken Handgelenk baumelt eine schwere, große Armbanduhr aus Edelmetall, die sicherlich einen beachtlichen Wert darstellt. Ein dunkler Dreitagebart versucht vergeblich, seiner Erscheinung etwas Maskulines zu verleihen. Viele dieser optischen Merkmale werden wir in der nahen Zukunft immer wieder an den Einheimischen entdecken können und sie darüber sogar identifizieren – nur, dass sie tendenziell mehr fettleibig als schmächtig sind.

Sei es, wie es ist: "Unser" Araber begrüßt uns mit einem freundlichen Lächeln, erledigt wortlos und konzentriert seine Arbeit und stempelt mit den Worten "welcome to the UAE" ein kostenloses 30-Tage-Visa in unsere Pässe.

Unsere Freude darüber ist eher gemäßigt, denn bereits während der Verladung in Bandar Abbas wurden wir gewarnt, dass es bei der Zollabfertigung hier Schwierigkeiten geben kann. Grund ist der 42. Jahrestag der Vereinigung der Emirate – ein Feiertag, der gleich zwei Tage lang zelebriert wird. Als Folge müssen wir uns damit abfinden, dass für Fahrzeuge bis dahin keine Zollabfertigung stattfindet und somit der Ländy das Hafengelände nicht verlassen darf. Wir sind aber rasch versöhnt, als man uns einen sonnengeschützten, überdachten Stellplatz zuteilt, inmitten von frisch importierten Neuwagen. Hier dürfen wir campieren und auch das Sanitärgebäude des Hafenpersonals gegenüber nutzen. Wir sind froh, dass wir zu Fuß dann doch das Hafengelände jederzeit verlassen dürfen, um die nahe gelegene Stadt zu erkunden - dann eben ohne Ländy.

An der Hafenzufahrt werden unsere Pässe kontrolliert und jedem von uns wird von den freundlichen Zöllnern ein winziges, joghurtbecherähnliches, eisgekühltes, 50 ml-fassendes Gefäß überreicht. Ungläubig ziehen wir den Deckel ab und erblicken tatsächlich – Wasser. Zwar ist eine kleine Erfrischung bei den schwülwarmen Temperaturen sehr angenehm, jedoch empfinden wir diese Art der Verpackung und vor allem den äußerst geringen Inhalt für diese Klimaregion als ziemlich sinnlos. Wir ahnen noch nicht, dass der Begriff "sinnlos" bei uns wahrscheinlich für immer mit den VAE verknüpft sein wird.

Wir laufen ins abendliche Al Sharjah. Der Verkehr präsentiert sich als krassester Unterschied zum vorher bereisten Iran. Fußgänger brauchen sich nicht mehr gegenseitig zu beglückwünschen, wenn sie es geschafft haben, das gnadenlose Verkehrschaos einer iranischen Straße lebendig durchquert zu haben. Nein, in den VAE stoppt der gemächlich dahingleitende Verkehr, wenn ein unmotorisierter Teilnehmer eine Straße überqueren möchte. Die Straßen sind in tadellosem Zustand, hübsch dekoriert und penibel sauber gehalten. Anlässlich des Feiertages prangern überall Aufkleber und Banner in den Nationalfarben neben Slogans, die die Einheit und Stärke der Emirate beschwören.

In den gut sortierten Supermärkten kann man wirklich alles kaufen und dort sogar mit EC- und Kreditkarte bezahlen. Zwar treffen wir in den Reihen des bedienenden Servicepersonals nie auf einen Araber, jedoch spricht hier jeder englisch und wir werden immer und überall mit einem freundlichen Lächeln und dem Satz "how are you?" begrüßt. Das gesamte Erscheinungsbild und auch die Begegnungen mit den Menschen erinnern uns auf den ersten Blick sehr an unsere Aufenthalte in den USA.

Es gibt noch ein nicht zu vernachlässigendes Unterscheidungsmerkmal zwischen dem Iran und den VAE: Hartnäckig hält sich hier das Gerücht, dass es Alkohol zu kaufen gibt – und zwar legal! Ein Inder unseres Vertrauens verrät uns bald, dass es sogar bei uns auf dem Hafengelände einen Duty-Free-Shop gäbe.

Am frühen Abend machen Tom und ich uns auf den Weg, um der Sache auf den Grund zu gehen. Tatsächlich entdecken wir ein hell erleuchtetes, aber sonst unscheinbares Geschäft. Als sich die automatische Schiebetüre stumm öffnet, durchströmen mich Glücksgefühle. Stimulierende Einkaufsmusik dringt an meine Ohren, in mir erwacht der konsumverwöhnte und Auswahl liebende Westeuropäer. Meine leuchtenden Augen fixieren als erstes die beiden übermannshohen Eisschränke – prall gefüllt mit zehn verschiedenen Biersorten. Erst dann nehme ich die anderen Regale mit den verschiedensten Weinsorten war, die irgendwo in der Tiefe des Shops auf eine quer verlaufende Auslage voller Whisky, Wodka und anderen harten Drinks stößt. Mein Blick schweift über das restliche Angebot und fällt auf Toblerone, Milka und andere Gaumenfreuden.

Es ist nicht so, als hätten Anja und ich mittlerweile ein Alkoholproblem. Allerdings fühlt sich solch ein Anblick nach der vierwöchigen staatlich verordneten Abstinenz in Iran an wie eine Belohnung nach einer schweren Aufgabe oder einer besonderen geschafften Leistung. Wir kaufen also ordentlich ein und genießen bald darauf ein erquickend eiskaltes Bier, made in Germany.

Nach einem weiteren Tag Rast auf dem Hafengelände steht morgens die Zollabfertigung unserer Fahrzeuge an. Das uns schon bekannte Prozedere läuft auch diesmal sehr entspannt, freundlich, geregelt und vor allem zügig ab. Nach einer guten Stunde hat der Ländy arabischen Teer unter seinen Stollen.

Natürlich haben wir uns vor der Verschiffung in die VAE und der folgenden Weiterreise in den Oman Gedanken gemacht, wie wir denn überhaupt von hier irgendwann wieder nach Hause kommen. Von den verschiedenen Möglichkeiten favorisieren wir die Variante, per Transit durch Saudi Arabien nach Jordanien und weiter nach Israel zu fahren, von wo aus es Fährverbindungen nach Europa geben soll, zum Beispiel nach Italien. Das hätte den Vorteil, dass unsere Reiseroute eine geschlossene Runde bilden würde und wir langsam, Schritt für Schritt, wieder nach Hause kämen und so auch die Chance hätten, uns klimatisch wie auch kulturell wieder zu akklimatisieren.

Leider ist Saudi Arabien nicht besonders an Tourismus interessiert. Es werden quasi keine Touristenvisa ausgestellt, lediglich wissen wir von einem sagenumwobenen Transitvisum, das maximal für 72 Stunden gelten soll. Trotz der zu bewältigenden 2.000 Kilometer langen Transitstrecke nach Jordanien und dem Frauenfahrverbot in Saudi Arabien wollen wir versuchen, an genau jene Visa zu kommen. Da die Internetrecherche kaum verwertbare Auskünfte liefert, wollen wir uns zwecks weiterer Planungssicherheit und der Möglichkeit, auch Alternativen gegeneinander abwägen zu können, in der Sache Klarheit verschaffen. Daher ist unser erstes Ziel das Saudi Arabische Konsulat in Dubai.

In dieser etwas über zwei Millionen Einwohner zählenden Stadt gibt es einen Embassy- District, in dem so ziemlich jedes Land der Erde eine Vertretung zu haben scheint. Die von Saudi Arabien ist enorm groß, recht hübsch in orientalischem Stil und sandfarben gehalten. Der Besuch dauert nicht lange. Schnell macht man uns klar, dass es für uns als deutsche Touristen, dazu noch mit eigenem PKW, hier kein Transit-Visum geben wird. Vielleicht bei der Botschaft in Abu Dhabi – aber nur vielleicht.

Dubai präsentiert sich für uns als Musterstadt für Dinge, die man nicht benötigt, sowie für architektonische Fragwürdigkeiten. Überall strecken sich ausgefallene Gebäude der gleißenden Sonne entgegen. Es gibt unzählig viele Wolkenkratzer.
Wir drehen mit dem Ländy eine Runde über "The Palm". Diese künstlich im Meer aufgeschüttete Insel hat von sehr weit oben betrachtet die Form einer Palme und daher auch ihren Namen. "The World" ist übrigens im Bau. Wir finden die Namensgebungen dieser Prestigeprojekte zwar nicht so kreativ, sind aber von der Umsetzung und den Dimensionen durchaus beeindruckt. Dubai erweckt den Anschein, als wäre es die oberste Herausforderung für die Nation, das Unmögliche möglich zu machen. Überall sprießen blühende Blumen, Palmen und riesige, perfekte Rasenflächen. Man bedenke: Wir befinden uns in der Wüste!
Abends fahren wir entlang der Golfküste in den Stadtteil Jumaira. Auf dieser Flaniermeile reihen sich auf etlichen Kilometern unendlich viele internationale Schönheitskliniken aneinander. Es sieht so aus, als gäbe es kein Körperteil, welches man hier nicht operativ optimieren könnte. Die Natur scheint nur noch als zu überwindendes Hindernis begriffen zu werden.

Am nächsten Morgen setzen wir also unsere Fahrt über perfekt ausgebaute, dreispurige Autobahnen fort in Richtung Abu Dhabi. Während wir den Straßen stadtauswärts folgen, fallen uns riesige Hochhauskomplexe auf, die wohl allesamt leer stehen. Bereits auf "The Palm" hatten wir viel Leerstand bemerkt. Dennoch passieren wir eine Baustelle nach der anderen, vorbei an gigantischen Bauprojekten, Kränen und Baggern.Bei einem Tankstopp kommen wir in ein lockeres Gespräch mit einem Emirati, und unversehens führt das Gesprächsthema einige Sätze später auf die Hochhausthematik. Er erklärt uns mit merklichem Stolz, dass Dubai den Zuschlag für die Expo 2020 erhalten hat und bis dahin auf zwölf Millionen Einwohner wachsen möchte. Da gilt es, die Infrastruktur entsprechend anzupassen.

In Abu Dhabi angekommen, heißt es bezüglich unseres Visum-Anliegens auch in dieser Botschaft: Fehlanzeige. Zwar schickt man uns fort, gibt uns aber den Hinweis auf eine Visa-Agentur mit auf dem Weg.

Noch am gleichen Tag fahren wir auch dort vorbei. Nach einem kurzen Gespräch wird klar: Nach der Erledigung einiger kleinerer lösbarer Formalien sollte es mit dem Visum klappen, wenn wir es über die Agentur beantragen. Eine Aufgabe lautet: Das Visum für das Folgeland muss bereits gültig in den Pass gestempelt sein.

Also statten wir auch der jordanischen Botschaft einen Besuch ab. Hier hilft man uns gerne, allerdings dauert die Ausstellung unserer Visa aufgrund des anstehenden Wochenendes drei Tage. Grund genug für uns, sich in Abu Dhabi umzuschauen.

Auf der Suche nach einem Stellplatz streunen wir im Ländy umher. Wir fahren vorbei an Villen, riesigen Moscheen und Palästen, deren Größe und Vielzahl für europäische Verhältnisse unvorstellbar ist. Allein die Grünanlagen dieser riesigen Komplexe zu erkunden, würde vermutlich einen ganzen Tag dauern. Leider möchte uns keiner der hier wohnenden Scheichs in seinem Garten campen lassen. So lassen wir uns gleich neben einem öffentlichen Strand im Bereich einer Baustelle am Meer nieder. Obwohl der Platz tagsüber von Anglern und abends zusätzlich von Nachtschwärmern angesteuert wird, ist er wegen der extrem gut ausgestatteten sanitären Anlagen des benachbarten Strandes verhältnismäßig ideal.

Hier haben wir Gelegenheit, unseren VAE-Eindruck zu vertiefen. Da wäre beispielsweise dieser Strand: Man stelle sich in Deutschland eine öffentliche Badeanstalt vor, deren Strandlänge ungefähr 500 Meter bemisst. Entlang dieser Wasserlinie sitzt alle 50 Meter ein Rettungsschwimmer auf einem Wachtürmchen, während je einer seiner Kollegen auf einem Quad zu Lande bzw. einem Jetski zu Wasser den Strandabschnitt absichert. Überall auf dem Strand flitzen Reinigungskräfte hin und her – eindeutig nicht arabischer Abstammung –, damit beschäftigt, für absolute Sauberkeit zu sorgen und selbst jedes einzelne Blatt der in Reih und Glied gepflanzten Bäume vom schneeweißen Sand aufzulesen.

Verlässt man den Strand, um zum Beispiel eines der beiden erwähnten Sanitärgebäude aufzusuchen, begegnet man auf dem schön gepflasterten, bepflanzten und von kleinen Laternen beleuchteten Gehweg zwischen vier und sechs Sicherheitskräften – ausschließlich afrikanischer Herkunft – die darauf Acht geben, dass die verschiedenen Benimmregeln, die auf großen Schildern zu lesen sind, auch eingehalten werden. Hat man es dann geschafft, anders als ich, ohne Tadel ins Gebäude zu gelangen, fällt der Blick auf hübsch gestaltete Umkleiden, Duschen und Waschbecken in perfekter Reinlichkeit. Pro Gebäude sind auch hier zwei Bedienstete unablässig damit beschäftigt, diesen Zustand beizubehalten.

Entlang des Gehweges folgen auf Blumenbeete und perfekte Rasenflächen große Spielanlagen für die Kids der Umgebung. Was würde in Deutschland wohl der Eintritt zu einem solchen Luxusstrand kosten? Hier kostet er – nichts!

Wir sitzen eine Weile an besagtem Strand und beobachten die Leute. Die Emiratis tragen allesamt ihre weißen, langärmeligen und knöchellangen Einteiler, der uns ein wenig an Nachthemden erinnert. Das Haupt schmückt ebenfalls ohne Ausnahme jenes rot-weiß- karierte Tuch nebst schwarzer Kordel, die wir schon von unserer ersten Begegnung mit einem Araber kennen. Sie flanieren über den Gehweg, immer unter sich Männern, lässig mit dem Smartphone spielend oder sich angeregt unterhaltend. Dabei sind sie keineswegs arrogant. Sie grüßen freundlich und fragen uns nach unserem Befinden. Die weiblichen Gegenparts sitzen zu zweit oder zu dritt auf den Parkbänken und sind vollständig in schwarze Schleier gehüllt. Ihre Kinder werden derweil hinter ihnen auf dem Spielplatz von asiatischen Kindermädchen gehütet. Die Maids tragen Arbeitskleidung, die an die von Krankenschwestern oder Pflegern bei uns in der Heimat erinnert. Ob das wohl der Verdeutlichung dient, dass der kleine dunkelhaarige Prachtbengel an ihrer Hand nicht ihr Kind ist?

Zurück am Stellplatz werden wir zwar gegrüßt und neugierig beäugt, allerdings lässt man uns vollkommen in Ruhe, niemand stört sich an uns. Ein Umstand, den wir in den folgenden Wochen als sehr angenehm empfinden werden.

Während wir so auf unsere Visa warten, kommen wir mit vielen Leuten ins Gespräch. Wir lernen, dass es für niemanden in den VAE Steuern gibt und dies einer der Gründe ist, warum hier so viele Gastarbeiter arbeiten. Wir hören, dass die Emiratis zinsfreie Darlehen erhalten, wenn sie ein Grundstück kaufen oder ein Eigenheim errichten möchten und dass es für Emiratis einen Mindestlohn gibt. Der bewegt sich allerdings in anderen Sphären als bei uns. Unter 4.800 Euro im Monat braucht ein Emirati morgens nicht aufzustehen, netto versteht sich! Schaut man auf die andere Seite der Gesellschaft, und das ist die Seite der Gastarbeiter, sieht die Sache anders aus. Ein Gastarbeiter wird nie, egal wie lange er im Land ist, Staatsbürger der VAE. Kann er nicht mehr arbeiten, wird er krank oder straffällig, heißt es für ihn, den Heimweg anzutreten. Während der Dauer des ersten Arbeitsvisums darf der Betreffende nicht die Arbeitsstelle wechseln, es sei denn, ein anderer Arbeitgeber zahlt ihm deutlich mehr als sein erster, aber mindestens 5.000 Dirham, was ungefähr 1.000 Euro entspricht. Man muss sich fragen, wie viel er denn vorher verdiente, wenn 1.000 Euro deutlich mehr sind?

Wir fühlen, wie sich die Geschichte wiederholt. In der Antike waren es einst Imperien wie die der Griechen, Römer oder Ägypter, die Kriegsgefangene, Verbrecher und politische Gegner als Sklaven einsetzten. Hier erwächst ein neues Imperium und eine neue Form des Sklaventums. Heute sind es Wirtschaftsflüchtlinge, die hier sklavenähnliche Arbeit finden. Früher war es militärische Stärke, die Überlegenheit und Macht schaffte. Hier entsteht ein enormes Machtpotenzial, das auf der Verfügungsgewalt über den begehrtesten Rohstoff unserer Zeit basiert: dem Öl.

Die krasse Zweiklassengesellschaft ist unübersehbar, trotzdem erscheinen alle irgendwie zufrieden. Die Emiratis sagen: "Warum mehr zahlen? Ihr seid alle freiwillig hier." Die Arbeiter kommen unablässig, freuen sich über hygienische Lebensbedingungen, Sicherheit und trotz allem deutlich mehr Lohn als in der Heimat. Es schaut aus wie eine Win-Win-Situation, die dennoch nach Rassismus riecht.

Am Abend machen sich um unser Camp herum die Angler breit. Wer nun meint, dass hier beim Fischen gespannte Stille herrscht, täuscht sich. Ein tiefes Brummen und Grollen erfüllt die Luft, erzeugt von den hubraumstarken V8- und Sechszylindermotoren der geparkten Geländewagen. Damit der Innenraum des Wagens zu jeder Zeit schön kühl ist, stellen die Emiratis den Motor nicht ab, damit die Klimaanlage ihren Job erfüllen kann. Gleich neben uns fischt ein Emirati. Vielmehr sitzt er in seinem weißen Gewand neben seinem grummelnden und ansonsten leeren Toyota, während sein indischer Begleiter die Rute auswirft und überwacht. Spätestens nach zwei Stunden ist mein Puls auf 180. Es ist dunkel, es herrschen angenehme Temperaturen und ich kann soviel Sinnlosigkeit und fehlendes Umweltbewusstsein nicht ertragen.

Nachts brüllen die Motoren auf den vierspurigen Highways und an den Ampeln werden die Aggregate für einige Sekunden immer wieder bis an den Drehzahlbegrenzer getrieben. Wir fragen uns: Warum leben die Menschen hier so Ressourcen verschlingend, so verschwenderisch? Uns bleibt nur eine Antwort: Weil sie´s können! Wohl in dem Bewusstsein, dass der Luxus, den das Öl ihnen beschert, nicht ewig anhalten wird, genießen sie ihn hier und jetzt, ohne nach mittelfristigen Folgen oder nach dem Morgen zu fragen.

Erleichtert, diese Riesenstadt verlassen zu können, nehmen wir vier Tage später in der jordanischen Botschaft wieder unsere Pässe inklusive eingestempelten 30-Tage-Visa in Empfang und machen uns sogleich auf in Richtung Norden.

Der Oman ist unser anvisiertes Ziel; unser Plan ist, hier den Winter zu verbringen. Er hat eine Exklave, die Mussandam genannt wird. Dieses Stückchen Oman liegt sozusagen an der Nord-Ostspitze der Emirate und hat mit dem restlichen Staatsgebiet keine Landverbindung. Genau diesen Zipfel wollen wir uns zuerst anschauen.

Seit Al Sharjah reisen wir übrigens wieder allein. Anna und Tom hatten auf der arabischen Halbinsel andere Interessen und Prioritäten als wir, und so trennten sich unsere Wege gleich nach der Ankunft.

Der Grenzübergang hier im Norden wird von modernen aber recht schlichten Gebäuden dominiert. Auf beiden Seiten ist nichts los, somit sind wir sofort an der Reihe. War die Einreise in die VAE noch kostenlos, so werden nun bei der Ausreise pro Person kurioserweise sieben Euro fällig.

Unser Carnet de Passage hatte schon in Iran und auch bei der Einreise in die VAE für Verwirrung gesorgt. Die Grenzer sind leider in der Handhabung des Dokuments und der richtigen Stempel nicht geschult. So geschah es, dass es in beiden Ländern falsch abgestempelt wurde. Glücklicherweise fiel uns das auf, und der Fehler wurde nach energischem Druck unsererseits korrigiert.

Es ist enorm wichtig, dass das Carnet richtig gestempelt zusammen mit dem Fahrzeug wieder deutschen Boden erreicht. Ein fehlerhaft gestempeltes Heft kann den Verlust der hinterlegten Sicherheitsleistung zur Folge haben, mindestens aber eine Verzögerung der Rückerstattung um ein Jahr.

Es überrascht uns aus Erfahrung also nicht, dass unser zuständiger Beamter hier an der Grenze von der richtigen Platzierung der Stempel und Unterschriften und vermutlich auch dem Sinn des Papiers keinen blassen Schimmer hat.

"Here?" fragt er und deutet mit dem Finger auf die freie Stelle auf dem Papier.

"Yes!", bestätige ich.

"Here?", fragt er verunsichert weiter, wobei er mit dem Finger erneut auf die gleiche Stelle tippt.

"Yes!", entgegne ich, mühsam um Fassung ringend. Der Anfang Zwanzigjährige schiebt lässig seine Pilotensonnenbrille nach vorne auf die Nasenspitze, blickt konzentriert, beteuert "No Problem!" und stempelt – falsch. Wieder hat unser Carnet an der Stelle des Ausreisestempels den Einreisestempel. Wieder muss die komplette Seite entwertet und das Prozedere von vorne gestartet werden. Problematisch ist, dass die Zöllner nun noch verunsicherter sind und gar nicht verstehen, warum ich mich so aufrege.

Wir haben langsam genug von der mangelhaften Kompetenz der Grenzbeamten und beschließen, das Carnet von nun an nur noch auf Verlangen vorzuzeigen, da einige Grenzer scheinbar ohnehin nicht wissen, dass es für ausländische Fahrzeuge vorgeschrieben ist.

Mussandam ist spärlich besiedelt. Wir fahren etliche Kilometer entlang einer grandiosen Küstenstraße. Auf der rechten Seite steigen steile Granitfelswände senkrecht in die Höhe, auf der linken Seite laden weiße, menschenleere Strände, an denen sich blauleuchtende Wellen brechen, zum Verweilen ein. Wir genießen erst einmal diese Ruhe und entspannen an besagten Stränden, auf denen man auch gleich parken und übernachten kann. Mussandam wird auch das "Norwegen des Omans" genannt. Wie wir finden, eine passende Beschreibung. Die schroffen Flanken der teils weit über 2.000 Meter hohen Berge fallen beinahe senkrecht ins Meer ab und bilden tief eingeschnittene Fjorde, die hier "Khor" genannt werden.

Eines Abends erklimmen wir im Ländy eine schmale geschotterte Passstraße, die uns über einen Kamm zum "Khor Naid" führen soll. Obwohl es bereits dunkel ist, erahnen wir im Mondlicht, dass wir von hier oben vermutlich den besten Blick auf die tief unter uns liegende Meeresbucht haben. Wir beschließen, die Nacht hier zu verbringen und erst am nächsten Tag hinunter ans Wasser zu fahren.
Am nächsten Morgen sitzen wir gerade auf dem kleinen Plateau bei einem leckeren Frühstück mit Spiegelei, Nutella und einem von Milchschaum gekrönten Cappuccino, als plötzlich gleich

neben uns sieben weiße Toyota-Landcruiser in einer großen Staubwolke stoppen. Jeder Wagen spuckt vier Touristen nebst omanischem Fahrer aus. Der Aussichtspunkt scheint fester Tour-Bestandteil der wenigen Veranstalter zu sein, die in Khasab, der Hauptstadt der Exklave, ihre Dienste anbieten. Bei den Touristen handelt es sich um eine Reisegruppe eines deutschen Kreuzfahrt-schiffs, das in dem kleinen Hafen der Stadt für einen Tag ange-legt hat. Die Verwunderung ist groß, als die Leute unser deutsches Kennzeichen bemerken, und bald werden die Linsen der zahlreichen Kameras auf uns statt auf den Khor gerichtet. Das gute, deutsche Frühstück in der Fremde fernab jeglicher Zi-vilisation scheint die größere Attraktion zu sein. Sofort müssen wir die klassischen Fragen beantworten: woher, wo lang, wie lange schon/noch, wohin, wie nach Hause, was macht der Job, wie finanziert man so etwas?

Wir sind froh, dass der Zeitplan der Kreuzfahrer straffer ist als unserer und sie uns genau so schnell wieder verlassen, wie sie gekommen sind.

Grundsätzlich ist der Tourismus im Oman noch wenig etabliert. Abgesehen von den großen Städten ist die touristische Infra-struktur wie zum Beispiel das Hotelangebot kaum ausgebaut. Dennoch sieht man gerade an den typischen Highlight-Spots wie dem Khor Naid eigentlich immer andere Reisende aus Europa, deren Zahl aber sehr überschaubar ist und das, obwohl wir in der hiesigen Haupttreisezeit unterwegs sind.

Wir treffen auf Irmgard und Wolfgang. Die beiden Mittfünfziger sind in ihrem Toyota- Landcruiser mit Wohnkabine für drei Jahre und schon zum zweiten Mal auf Weltreise. Besonders für individuelle Entdecker bietet der Oman viel Platz und Gelegenheiten. Auch mit einem gemieteten Geländewagen und einer von daheim mitgebrachten Campingausrüstung kann man hier schon für ein schmales Budget großes Outdoor-Abenteuer erleben. Hat man die wenigen größeren Städte erst einmal verlassen, ist man in der Weite des Landes oft gänzlich alleine unterwegs und kann die Wüsten, Wadis und Küstenstreifen genießen. Trifft man aber doch auf Omaner, lernt man dieses Volk als überaus freundlich, hilfsbereit, aber auch als angenehm zurückhaltend kennen. Unsere Begegnungen sind immer von respektvoller, offener Gastfreundschaft geprägt. Vorüberfahrende Autos hupen, die Insassen winken und freuen sich, uns zu sehen.

Aber zurück nach Mussandam: Auch wir entdecken die raue Natur dieser Gegend und fahren hoch hinauf in die Berge über schmale, extrem steile Schotterpisten. Die Zufahrt ist nur Allradfahrzeugen erlaubt. Die extreme Steilheit, der lose Untergrund und enge Serpentinen lassen ein nur geringes Tempo zu. Entlang der Strecke zeugen einige abgestürzte Autowracks von der Gefährlichkeit der Bergetappen. Der Ländy braucht immer wieder Verschnaufpausen, weil die Kühlwassertemperaturanzeige droht, in den roten Bereich zu wandern. Wir verbringen fast eine Woche in den Bergen und Wadis der Region, bevor wir beschließen, uns nun langsam dem südlichen Teil und damit dem Hauptgebiet des Omans zu nähern.

Bevor wir aber Mussandam verlassen, nehmen wir an einer Dhau-Fahrt teil. Diese traditionellen Holzboote werden in Oman seit Jahrhunderten in verschiedensten Größen gefertigt. Die meisten sind mittelgroße Schiffe, die zum Fischfang eingesetzt werden. Von Khasab aus starten wir unseren Tagesausflug, zusammen mit drei weiteren Touristinnen aus Singapur. Auf unserem Weg durch die Buchten begleiten Delphine unser Boot. Spielerisch springen die imposanten Meeressäuger immer wieder aus dem Wasser, um gleich darauf unter uns hindurch zu tauchen. Allem Anschein nach wollen sie uns pausenlos nach ihnen Ausschau halten lassen.

Als wir am Nachmittag wieder in den Hafen von Khasab einlaufen, kommen uns zahlreiche, schwer beladene kleinere Boote entgegen, die auf das offene Meer zuhalten. Unser Tourguide erläutert diese Besonderheit: Jeden Morgen in der Frühe laufen hier dutzende iranische Speedboote ein. Da der Hafen von Khasab nur um die 70 Kilometer vom iranischen Festland entfernt liegt, ist er auch mit kleineren Wasserfahrzeugen erreichbar. Im Hafen angekommen, findet ein reger Handel mit den unterschiedlichsten Gütern statt. Die Iraner bringen Ziegen mit, die sie hier zu einem deutlich besseren Kurs verkaufen können als in der Heimat. Schon am ersten Tag in Mussandam konnten wir kleine LKW beobachten, die die Tiere sofort in Richtung der VAE weitertransportierten. Auf dem Rückweg nehmen die iranischen Händler alle möglichen Artikel mit, die aufgrund des Embargos in ihrem Land nicht erhältlich sind. Hoffentlich auch Nutella ...

Diese Aktionen werden streng vom omanischen Zoll kontrolliert. Die einlaufenden Iraner haben nur einen sehr begrenzten Aufenthaltsbereich im Hafen der Stadt, den sie nicht verlassen dürfen.

Mussandam verlassend, durchqueren wir zunächst wieder ein Stück VAE, bevor wir erneut omanisches Staatsgebiet erreichen werden. Wir fahren entlang der Ostküste und machen uns so langsam auf die Suche nach einem geeigneten Stellplatz für die anstehenden Weihnachtsfeiertage. Wir haben uns mit einigen Leckereien eingedeckt und wollen ein nettes Plätzchen finden, wo wir einige Tage bleiben können. Im Wadi Madha finden wir eine so große ausgewaschene Höhle, dass sogar der Ländy darin Platz findet. Wir sind dankbar für diesen Unterschlupf, da das Wetter in diesen Tagen nicht sehr beständig ist.

Am 24.12. räumen wir in der Höhle ein wenig auf, machen uns Platz, richten eine Feuerstelle ein. Anja schmückt einen kleinen Busch mit Muscheln und roten Schleifchen zum Christbaum. Als Weihnachtskugeln kommen goldene Ferrero Rocher zum Einsatz, als Strohengel-Ersatz funkeln gesammelte, perlmuttfarbene Muscheln. Abends telefonieren wir mit unseren Familien, schlemmen mariniertes Hähnchen mit Folienkartoffeln und Gemüse vom Grill und genießen plätzchenähnliches Gebäck zum Dessert. Aber trotz aller heimeligen Atmosphäre kommt keine typische Weihnachtsstimmung auf und so wird dieses Weihnachten unter Palmen für uns beide eine ganz besondere, eine skurrile Erfahrung.

Gleich nach den Feiertagen wollen wir weiterreisen. Gerade erst die küstennahe Grenze in den Oman passiert, fallen uns auf der Gegenfahrbahn zwei Motorradfahrer auf, die neben ihren geparkten Bikes stehen und fröhlich winken. Nicht sicher, ob sie wegen einer Panne vielleicht Hilfe brauchen, drehen wir und stoppen kurz darauf neben ihnen.

Martha und Bartek sind aus Warschau, Polen. Die zwei Mittdreißiger sind seit sieben Monaten auf ihren vollgepackten Suzuki-Enduros unterwegs und haben nach der Erkundung Zentralasiens noch einiges vor: Von Oman aus wollen sie weiter nach Afrika. Nach einer kurzen Plauderei ist klar: Heute Abend campen wir zusammen.

Die beiden suchen uns in einem nahegelegenen Wadi einen schönen Campplatz, und wir folgen ihnen etwas langsamer im Ländy. Wir verbringen einen netten Abend am Lagerfeuer und beschließen, bis auf weiteres gemeinsam zu fahren.

In den nächsten Tagen erkunden wir zusammen zahlreiche einsame Wadis mit glasklaren kleinen Bächen, die zu einem erfrischenden Bad einladen und die tägliche Körperhygiene unterstützen. Ist einmal nicht klar, wohin der Weg führt, fährt Bartek auf der leichteren 200-Kubik-Maschine seiner Freundin flott voraus und erkundet so für die Gruppe das Terrain. Bei Wanderungen in die Umgebung beobachten wir viele Frösche, Echsen, Schlangen und anderes Getier.

Apropos Wadi: Ein Wadi ist eine Art meist ausgetrocknetes Flussbett, das Bergregionen durch die Wüste ins Meer entwässert. Durch sie kommt der warnende Slogan zustande: "In der Wüste ertrinken mehr Leute, als zu verdursten." Trockene Wadis können sich bei Regen innerhalb kürzester Zeit mit enormen Wassermassen füllen und zu reißenden Flüssen entwickeln, die Geröll, Schlamm und Steine mit sich reißen. Da es in ihrem Umfeld meist mehr Vegetation gibt als im Rest der Wüste, werden sie gerne als Campplätze genutzt. Das Besondere ist, dass sich Wadis auch dann binnen weniger Minuten mit Wasser füllen können, wenn es an der betreffenden Stelle gar nicht regnet, wenn noch nicht einmal ein Wölkchen zu sehen ist. Der Grund ist, dass die Wassermassen zum Teil aus weit entfernten Bergregionen stammen, in denen es lokal zu Wolkenbrüchen kommt. Der Camper wird dann ohne warnende Regentropfen auf seinem Zelt von der sogenannten "Flashflood" überrascht und fortgespült.

Uns bleiben jedenfalls solche grausigen und schwer vorstellbaren Erfahrungen erspart. Wir passen bei der Auswahl unseres Campplatzes immer schön auf. Dennoch liefern genau diese Wadis oftmals spektakuläre Felsformationen, Schluchten und – die Kulisse für Offroad-Abenteuer. In Oman darf man mit seinem Auto hinfahren, wo man mit seinem Auto hinfahren kann. Der Entdeckergeist in uns ist geweckt, und so zirkeln wir unseren Ländy über Stock und Stein, durch Flüsse mit beachtlicher Wassertiefe und durch Strömungen hindurch zu einsamen, aber vor allem höhergelegenen Camp- und Picknickplätzen.

Silvester steht an.

Wir reisen immer noch zusammen mit den beiden "Polskis", wie wir sie inzwischen liebevoll nennen. Es gibt wieder eine Aufgabenteilung: Unsere beiden Krad-Melder schauen nach einem festlichen Lagerplatz, zu dem sie uns per Handy lotsen wollen. Unsere Mission ist nicht minder wichtig: die Beschaffung von silvestertypischen alkoholischen Getränken. In Sohar entdecken wir einen Bottle Store, ein Geschäft, in dem kontrolliert Alkohol verkauft wird. Wir haben gehört, dass man zum Erwerb alkoholischer Getränke eine Genehmigung braucht. Allerdings lässt man uns ohne Kontrolle hinein.

Unsere Einkaufsliste ist lang. Martha und Bartek wünschen sich Bier, Wein, Gin und Wodka, uns reicht Wein, Bier und Sekt. Der Einkaufswagen ist voll, als wir ihn zur Kasse rollen. Freundlich werden wir vom Inder dahinter begrüßt. Er scannt unsere gesamte Auswahl, und kurz bevor wir bezahlen wollen, fragt er: "May I see your permit, please?"

Da wir uns auf diesen Fall schon eingestellt hatten, sage ich: "Of course!" und zücke voller Überzeugung und ohne Zögern meine ADAC Club Karte, da diese die einzige ist, auf der man als Nicht-Deutschsprachiger gar nichts erkennen kann. Ungläubig und verwundert blickt unser Gegenüber auf das gelbe Plastik-kärtchen und fragt schließlich: "What is this?" Wir versichern, dass es sich um eine deutsche Variante des Alkoholpermits handelt, selbstverständlich mit internationaler Gültigkeit. Auch für den Fall der notwendigen Erklärung sind wir gewappnet: ADAC steht für "alcohol drinking and consuming license".

Hatte uns der ADAC noch großartig in der Türkei unterstützt und die Weiterreise erst möglich gemacht, so kann er uns hier nicht helfen. Ist ja auch nicht seine Aufgabe.

Unser Plan geht nicht auf, verunsichert, aber gewissenhaft besteht der Verkäufer auf das omanische Original. Schweren Herzens müssen wir mit ansehen, wie unsere Plastiktüten wieder entleert werden und ihr Inhalt zurück in die Regale wandert.

Draußen vor dem Laden kommen wir mit einigen der wenigen Kunden ins Gespräch. Man zeigt uns ein solches "Permit". Es sieht aus wie ein etwas kleinerer Reisepass, mit Foto und Seiten für Eintragungen, auf denen jeder Einkauf vermerkt wird. Jeder "Permitholder", der übrigens omanischer Staatsbürger sein muss, darf pro Monat einen bestimmten Prozentsatz seines Nettoeinkommens in Alkohol umsetzen. Da wir den 31.12. haben, ist der Monat faktisch rum und das Guthaben der meisten Leute ausgeschöpft, oder besser gesagt – ausgetrunken. Dennoch gelingt es uns, einen Inder nach Erläuterung unserer misslichen Lage zu überreden, für uns zwei Flaschen Weißwein zu erstehen.

Wir finden Bartek und Martha auf einem wirklich tollen Campplatz mit einem kleinen Flüsschen und ausreichend Brennholz in absoluter Einsamkeit. Die Anfahrt dorthin in die Berge dauert über eine Stunde und ist in finsterster Nacht unter Ländy´s Flutlicht ein Abenteuer für sich.

Später genießen wir Lammchops mit Folienkartoffeln vom Lagerfeuer, dazu Salat, einige wenige Gläschen des Weißen und freuen uns gemeinsam darüber, an einem so schönen Ort Silvester zu feiern.

Zwei Tage später trennen sich unsere Wege. Die beiden möchten in die Hauptstadtregion um Muscat, wir wollen uns lieber erst einmal einige kulturelle Highlights im Landesinneren anschauen. Wir besuchen das frisch renovierte und größte Fort des Oman in Bala sowie das Wohnfort von Jabrien, schauen uns alte Lehmsiedlungen an, wandern durch riesige Dattelpalmenhaine, lassen uns in Al-Hamras Museum die altertümliche, traditionelle Lebensweise als Live Act von Einheimischen vorführen. An diesem Ort besichtigen wir auch alte Felsgravuren, die skurrilerweise nur in der frühen Morgensonne sichtbar sind. Während wir noch über die Echtheit der Felszeichnungen mutmaßen, nähert sich unter tiefem Gebrumme ein einzelnes Motorrad. Schon beim Näherkommen erkennen wir, dass es sich um eine größere Enduro handelt, noch nicht klar ist uns, dass sie von einer Frau gelenkt wird. Angela ist aus Deutschland und mit ihrer 600er Enduro für sieben Wochen allein und auf eigene Faust in diesem riesigen Land unterwegs. Nach einem kurzen Plausch tauschen wir unsere Kontaktdaten, vielleicht trifft man sich noch mal wieder.

Außer etlichen alten Wehr- und Festungsanlagen, den sogenannten Forts, die in früherer Zeit dem Schutz gegen Angreifer dienten, beachtlichen, oberirdischen Bewässerungskanälen, den sogenannten Falajs, die die Bewirtschaftung der Oasen sicherten und auch heute teilweise noch Verwendung finden, sowie alten Lehmwohnsiedlungen, die allerdings meist stark zerfallen und heute weniger bewohnt sind, hat der Oman nicht so furchtbar viel an kulturellen Hinterlassenschaften zu bieten.

Wenn man in diesem Zusammenhang von "alt" spricht, kann man zum Beispiel bei den Lehmhäusern von einer Zeitspanne von 40 bis 50 Jahren reden. Das hat mit der geschichtlichen Entwicklung des Oman vor allem im letzten Jahrhundert zu tun. Wenn man sie studiert, dann könnte sie wie eine der vielen Geschichten aus Tausendundeiner Nacht beginnen:

"Es war einmal ein Land fern im Südosten Arabistans, wo ein Sultan regierte, der nur sein eigenes Wohl im Sinn hatte. Sein Volk war arm, lebte vom Fischfang, als Ziegenhirten und Oasenbauern. Eines Tages widerstrebte dem Sohn des Sultans das Handeln seines egoistischen Vaters so sehr, dass er seine Amtsgeschäfte übernahm und ihn ins Exil schickte …"

Wir schreiben das Jahr 1970. Zu diesem Zeitpunkt gibt es im gesamten Land eine einzige Krankenstation und zehn Kilometer Teerstraße, die schnurgerade auf den Palast des Sultans zuführt. Viele westliche Dinge und technische Errungenschaften sind gar nicht bekannt. Der neue Sultan, sein Name ist Sultan Quaboos, verspricht, alles dafür zu tun, seinem Volk zu einem Leben in

Wohlstand zu verhelfen und sein Land zu einem in der Welt anerkannten Staat zu machen. Er investiert bis heute viele der üppig fließenden Petro-Dollar in die Infrastruktur wie Straßen-, Strom- und Wasserleitungsbau, er baut Schulen, Krankenhäuser, See- und Flughäfen.

Wohlstand heißt für den Sultan: Das Einkommen ist für jeden steuerfrei, auch für die Gastarbeiter, Schulbildung und Gesundheitsfürsorge ist für omanische Staatsbürger kostenlos. Heiraten zwei Omaner, bekommt das junge Ehepaar ein Grundstück zu einem sehr geringen Preis überlassen, Hausbaudarlehen sind für Omaner ebenfalls sehr günstig. Bei besonderen Feier- oder Jahrestagen verkündet Sultan Quaboos gelegentlich einen "Schuldenerlass für alle". Auch kommt es vor, dass er den Armen der Gesellschaft, wie zum Beispiel den Fischern, notwendige Dinge schenkt. Im Beispiel der Fischer kann das eine ganze Flotte flammneuer Toyota-PickUps sein. Die Fahrzeuge werden benötigt, um den fangfrischen Fisch in riesigen Kühlboxen auf die teilweise mehrere hundert Kilometer entfernten Wochenmärkte zu transportieren. Warum der Sultan nicht lieber Land Rover ordert, bleibt mir ein Rätsel ...

Er lässt nahe der Küstengebiete orientalisch anmutende Reihenhaussiedlungen errichten, die dann oft als leerstehende Geisterstädte darauf warten, von Beduinen bevölkert zu werden. Denn oftmals leben die Fischer in kleinen Bretterverschlägen direkt am Strand und sollen durch diese Projekte "modernisiert" werden. Auch für die Bergnomaden gibt es solche Projekte. Wir hörten, dass jedoch all diese Dinge zu einem Konsum-Verhalten der Omaner führt, welches in einer ziemlich hohen Durchschnittsverschuldung endet.

Der Sultan gilt als absolut volksnah. Er unternimmt fast jedes Jahr eine dreiwöchige "Meet-the-People-Tour" durchs Land, bei der jeder Omaner den Sultan persönlich sprechen kann, um mit ihm Probleme zu diskutieren.

Wir finden jedenfalls, dass es Sultan Quaboos gelingt, konzentrierte Macht richtig zu nutzen, denn er regiert hier in einer konstitutionellen Monarchie, also als alleiniger Herrscher, und er scheint seine Macht tatsächlich zum Wohle seines Volkes und damit des Landes einzusetzen. Die Omaner sind stolz auf ihn, er hat die absolute Achtung und Anerkennung seines Volkes. Selbst die Bewegung des Arabische Frühlings, in dessen Kontext viele Herrscher der arabischen Welt ihre Macht einbüssten, ging am omanischen Staatsoberhaupt spurlos vorüber. Doch genug der Politik und der Geschichte.

Wir erklimmen eine spektakuläre Passstrasse in über 2.000 Meter Höhe und nähern uns Muscat, der Hauptstadt des Oman. Der Pass gehört zu den touristischen Highlights der Region. Wie eine Achterbahn, bergauf und bergab, durch enge Serpentinen und in schwindelerregender Höhe führt er einspurig an senkrecht aufragenden, schroffen Granitwänden und tiefen Rissen in der Erdkruste vorbei. Dabei passieren wir immer wieder kleine Bergoasen und Dörfer, in denen leuchtend grüne Dattelpalmen einen angenehm farbigen Kontrast zur Berglandschaft bieten.

Obwohl große Städte eigentlich nicht unser Ding sind, haben wir eine neue Idee: Im Internet haben wir herausgefunden, dass es auch in Muscat eine saudische Botschaft gibt. Vielleicht gelingt es uns, dort das begehrte Visum zu beschaffen. Es würde uns viel Wartezeit und etliche Kilometer in den VAE ersparen.

Vergebens fahren wir in dem Stadtteil umher, in dem das Konsulat sein soll. Stunden vergehen so, bis uns ein Omaner erklärt, dass die saudische Botschaft längst nicht mehr hier, sondern am anderen Ende der Stadt im neuen Embassy-District zu finden sei. Die Adresse im Internet war schlichtweg veraltet.

Nach über vier Stunden Suche finden wir den Embassy-District. Der von der Polizei abgeriegelte Bezirk beheimatet wieder einmal eine Vertretung von scheinbar jedem Land. Nach der Passkontrolle lässt man uns in den Bezirk, sodass wir noch am gleichen Abend den Zielpunkt unserer Jagd ausfindig machen. Mittlerweile ist es 21:00 Uhr und stockfinster. Auf die Frage, ob wir einfach auf dem gegenüberliegenden Parkstreifen übernachten könnten, ernten wir von einem Angestellten ein schon erwartetes "No". Wir kurven umher und finden mitten in einer Baustelle des noch im Bau befindlichen Bezirks ein lauschiges Plätzchen, in Sichtweite der saudischen Botschaft. Nur eine große Wiese liegt zwischen uns und dem Gebäude, keine Mauer, nicht einmal ein Zaun versperrt den Zugang zum restlichen Botschaftsbereich.

Noch immer über die halbherzige Abriegelung des Bezirks schmunzelnd, stehen wir gleich am nächsten Morgen um 9:00 Uhr vor der Tür der Botschaft, um unser Glück zu versuchen.

Solche Momente sind immer besonders spannend. Einerseits ist es die Bedeutung des Stempels, der über den gesamten weiteren Reiseverlauf entscheidet. Andererseits ist es das Ambiente und das Flair in diesen wichtigen und stark abgeriegelten Einrichtungen, die unsere Aufregung wachsen lässt. Oft sehen wir unser Gegenüber entweder gar nicht oder nur durch eine Panzerglasscheibe. Die Kommunikation funktioniert meist zumindest anfänglich über Gegensprechanlagen, überall herrscht gespenstische Stille, bewaffnetes Sicherheitspersonal steht herum.

Wir werden hinein gelassen, aber schon bald darauf wieder an eine Agentur weiterverwiesen.

Natürlich suchen wir sie gleich auf. Der Agent ist etwas über unser Anliegen erstaunt, scheinbar kommt es nicht oft vor, dass sich jemand nach einem Transitvisum erkundigt. Auch der Preis dafür scheint mehr seiner Spontaneität als einer regulären Preisliste zu entspringen. Immerhin liegt die Gebühr ungefähr bei der Hälfte von dem, was man von uns in Abu Dhabi verlangte.

Unvermeidlich folgt die Frage: "Are you married?"

In Saudi Arabien dürfen unverheiratete Frauen nicht mit anderen Männern außer ihrem Vater oder den Brüdern im Auto reisen. Fahren dürfen sie ohnehin nicht.

Wir sind nicht verheiratet. Dennoch beteuern wir, ein Ehepaar zu sein.

"Can you proof?"

Fast synchron heben wir die rechte Hand, an der jeweils ein gold-silberfarbener Ring zu sehen ist, die wir ja erst in der Türkei für derartige Situationen gekauft hatten.

"Do you have any document?"

Wir erklären ihm, dass es doch unvernünftig wäre, auf einem mehrmonatigen Überland-Trip seine Ehedokumente mitzunehmen. Er nickt nachdenklich …

Wir platzen fast vor Anspannung. Nicht nur, dass wir unsicher sind, ob der Agent uns das Schauspiel abnimmt. Zu allem Überfluss sind in unsere Pässe neben den unterschiedlichen Namen auch noch unterschiedliche Wohnsitze eingetragen. Für ein Ehepaar im klassischen Sinne schon ungewöhnlich! Dennoch: Wir lassen unsere Pässe dort und hoffen, sie in zwei Tagen mit einem neuen Visumsvermerk abholen zu können.

In der Zwischenzeit wollen wir uns die Küste südlich von Muscat anschauen. Froh, das Großstadtverkehrschaos hinter uns zu lassen, fahren wir gemächlich durch kleine Fischerdörfchen, als uns plötzlich eine Frau vors Auto springt.

Angela hatte unseren roten Ländy gleich wiedererkannt. Sie hat irgendwo ihre Enduro sicher untergestellt und reist nun für eine Weile zusammen mit Klaus in seinem Toyota. Klaus unternimmt geführte Gruppenreisen, hat gerade einige Tage frei und kennt sich im Oman bestens aus. Er hatte auch ihr Moped hier runter verschifft und bietet uns an, notfalls unseren Ländy mit in seinem Container nach Deutschland zu nehmen, falls das mit unserem Visum nix wird.

Gemeinsam besuchen wir einige 4.000 Jahre alten Grabtürme, die auf über 2.000 Metern Höhe stehen. Aufgrund der hohen Beladung hat unser Auto auf der enorm steilen Geröllpiste arg zu kämpfen. Insbesondere die Reifen leiden. Scharfkantige Felsbrocken verewigen sich in vielen Stollen des Reifenprofils, schneiden ganze Ecken heraus und fräsen tiefe Furchen hinein. Wir sind froh, die beiden hier getroffen zu haben. Ohne Klaus´ hervorragende Ortskenntnisse hätten wir die beeindruckenden Grabanlagen nie gefunden.

Von hier führt uns unser Weg über Ibra zurück nach Muscat. An der Nordgrenze der Wahiba-Sands gelegen, einer der beiden Wüsten des Landes, ist diese Stadt ein wichtiger Marktplatz und Versorgungspunkt der Beduinen. Mittwochs findet auf dem

Souk neben dem Verkauf von Artikeln des täglichen Bedarfs zusätzlich ein Frauenmarkt statt, auf dem Dinge von Frauen für Frauen verkauft werden. Das interessiert natürlich Anja ganz besonders, die ohne mich, aber gemeinsam mit Angela den Frauen bei der Anfertigung farbenfroher Stickarbeiten zuschaut, ein paar Garne und Stoffe einkauft und in Gedanken anfängt, daheim eine arabische Ecke einzurichten.

Unter den vielen Marktbesuchern sind die Frauen der einst nomadisch lebenden Beduinen leicht auszumachen: Ihr Gesicht wird meist von einer schwarzen oder goldenen Maske bedeckt, unter ihren schleierartigen, schwarzen Gewändern blitzen immer wieder reich verzierte, bunte Unterkleider hervor. Stets treten sie stolz und selbstbewusst auf.

Omanische Märkte sind anders als die bei uns. Natürlich kann man hier neben frischen Gewürzen auch Obst und Gemüse kaufen. Außerdem wechseln hier aber auch Ziegen, Schafe und Kamele den Besitzer. Es gibt eine Fischhalle, in der riesige Berge der Meerestiere feilgeboten werden. Neben Barrakudas, Gelbflossenthunfischen und Tintenfischen findet man auch verschiedenste Rochen- und Haiarten. Die Märkte in den Städten Ibra und Sinaw gefallen uns beiden am besten, da sie authentisch das Leben der Araber gerade hier in der Wüste widerspiegeln und wir kaum auf andere Touristen treffen.

Wir sind gespannt und aufgeregt, als wir am nächsten Tag bei der Visastelle schellen. Und tatsächlich: Ein Transitvisum für Saudi Arabien ziert unsere Pässe. Ungläubig bestaunen wir den farbenprächtigen Eintrag in den Ausweisen. Im Vorfeld hatten wir immer wieder im Internet gelesen, dass es fast unmöglich sei, diese Erlaubnis zu bekommen. Es gibt nur wenige Erfahrungsberichte, teilweise warteten die Anwärter mehrere Wochen, teils Monate. Wir freuen uns, nun Gewissheit über die weitere Route zu haben und sind verblüfft, wie einfach dieses Visum hier zu bekommen war.

Ein voller Monat bleibt uns nun, bis wir die Durchquerung des Nachbarlandes antreten müssen.

In dieser Zeit wollen wir bis zur südlichsten Stadt des Oman vordringen: Salalah.

Der Ort liegt über 1.000 Kilometer von Muscat entfernt und ist soweit südlich, dass dort im Juni der Sommermonsun einsetzt und dafür sorgt, dass die Berge rundherum mit grünem, saftigem Gras bedeckt sind. Daher ist Salalah der einzige Ort in Oman, in dem neben Ziegen und Kamelen auch Rinder gezüchtet werden. Berühmt ist er aber für etwas anderes und dies schon seit vielen hundert, vielleicht sogar tausend Jahren: Weihrauch. Die harzspendenden Bäume wachsen im gesamten Umland. Die Stadt verfügt sogar über ein sehenswertes Weihrauch- und Marinemuseum, in dem wir später alles über das kostbare Gewächs sowie Historisches aus den großen Seefahrerzeiten des Oman lernen werden. Auch für den Schiffsbau, den Bau der Dhaus, ist das Land berühmt. Die Falaj-Systeme des Oman, die Quellen-, Fluss- oder Brunnenwasser ableiten, um Siedlungen, Gärten und Oasen mit Wasser zu versorgen, werden in der Ausstellung in einem funktionierenden Modell gezeigt. Aber bis Salalah ist es noch ein langer Weg ...

So kommt es, dass wir uns auf der durchs Inland verlaufenden Route für eine Abkürzung entscheiden. Eine 50 Kilometer lange

Piste direkt durch die Wahibah-Sands verbindet zwei Straßen miteinander und soll uns nicht nur eine weite Schleife ersparen, sondern uns einen Hauch von echtem Wüstenabenteuer spüren lassen. Neben den eingesparten Kilometern beschert uns die Route vor allem aber eine romantische, wenn auch unfreiwillige Nacht in der Wüste und eine Menge Erfahrung.

Wir wurden mehrfach vor Alleinfahrten in die Wüste gewarnt, insbesondere ohne GPS. Da wir aber ungefähr 50 Liter Wasser an Bord haben, dazu Diesel für die fünffache Distanz und zwei Kompasse, schätzen wir das Risiko als kalkulierbar ein. Schließlich wären im Ernstfall maximal 25 Kilometer eine Entfernung, die wir notfalls auch zu Fuß bewältigen könnten.

Am Anfang läuft alles wie geschmiert. Die Piste ist breit, gut sichtbar, nur gelegentliche Waschbrettabschnitte gehen durch Mark und Bein und erschüttern das gesamte Auto. Der Untergrund ist fest, und so flitzt unser Ländy mit 80 km/h über den Schotter, gefolgt von einer hoch aufsteigenden langen Staubfahne. Immer wieder gabelt sich der Weg, wir entscheiden uns meist für den Abzweig, der besser ausgebaut ist und am ehesten mit unserem Kompasskurs übereinstimmt.

An irgendeiner Stelle muss uns ein Fehler unterlaufen sein. Die Piste wird immer schmaler, bis sie nur noch die Fahrspurbreite eines einzigen Fahrzeugs hat und schließlich vor der einsamen Hütte eines Ziegenhirten sprichwörtlich im Sande verläuft. Der freut sich außerordentlich, uns zu sehen, ist aber weder der englischen Sprache mächtig, noch kann er Karten lesen. Und wir sprechen kein arabisch.

Wir erklimmen eine nahegelegene Düne, um nach der richtigen Piste Ausschau zu halten. Den Ländy müssen wir weiter unten unfreiwillig parken, denn er ist mit seiner schmalen Originalbereifung, kombiniert mit mäßiger Leistung und hohem Gewicht im Tiefsand nicht das optimale Gefährt für dieses Gelände. Vom Dünenkamm aus blicken wir über endlose Wogen aus Sand. Überall feinster gelblich-orangefarbener Sand, aber keine Piste und auch kein Handy-Empfang. Aber wen auch anrufen?

Wir folgen unserer eigenen Spur zurück, versuchen verschiedene Gabelungen und landen immer wieder in einer Sackgasse oder fahren in die falsche Richtung. Als die Sonne langsam hinter den Dünen versinkt und die Nacht hereinbricht, beschließen wir, morgen nach dem richtigen Pfad zu suchen. Bei einer kleinen Gruppe niedriger Bäume schlagen wir unser Lager auf. Ein umgestürzter, abgestorbener Kamerad spendet reichlich Brennholz für ein wärmendes Lagerfeuer. Bei absoluter Stille beobachten wir in der Ferne vorüberziehende Kamele im Licht der untergehenden Sonne.

Der nächste Morgen beginnt verheißungsvoll. Schon nach wenigen Versuchen stoßen wir auf eine Piste, die offensichtlich recht oft befahren wird. Sie führt uns in ein unübersichtliches Dünenfeld. Schlingernd versuchen wir, den sich eng um dicke Grasbüschel windenden Weg so schwungvoll wie möglich zu nehmen, um nicht im Sand stecken zu bleiben. Als wir eine Senke passieren, reicht der Schwung nicht aus, um den gegenüberliegenden Dünenkamm zu erreichen. Ich versuche, rückwärts aus der Senke auf der anderen Seite herauszufahren. Ohne Erfolg, auch hier gräbt der Ländy sich ein. Zuletzt bleibt uns nur noch, das Tal der Senke entlangzufahren, um vielleicht an einer flacheren Stelle wieder hinaus zu gelangen. Wir finden eine

Möglichkeit. So schwungvoll wie möglich treibe ich unser Auto mit hochdrehendem Motor die Düne hinauf. Zwei Mal vor, einmal zurück und der Ländy steckt bombenfest bis zur Radnabe im feinen, tiefen Sand.

Wir steigen aus und hocken vor unserem eingebuddelten Fahrzeug. Absolute Ahnungslosigkeit, wo wir uns genau befinden und vor allem, wo wir eigentlich hin müssen sowie das Bewusstsein, dass hier weit und breit niemand ist, der helfen könnte, sorgen für ein flaues Gefühl in der Magengegend. Froh sind wir aber darüber, dass wir daheim allerhand Nötiges und Unnötiges in unseren kleinen fahrbaren Untersatz gestopft haben. So befinden sich unter der Ausrüstungskategorie "Bergematerial" zwei Sandbleche und ein Spaten.

In wenigen Minuten ist beides einsatzbereit. Bisher hatten uns die Sandbleche nach dem Geschirrspülen immer als Abtropfsieb gedient und der Spaten als Klospülungs-Ersatz – jetzt sind sie unsere Hoffnung, uns selbst aus dieser Lage befreien zu können. Die profilierten Bleche werden entweder unter oder vor die Reifen gelegt, damit das Fahrzeug auf festem Untergrund fährt und nicht einsinkt. Schnell sind die Räder freigeschaufelt und unsere beiden "Startbahnen" in Position gebracht. Langsam bugsieren wir den Ländy auf die Bleche. Als der Grip zunimmt, beschleunige ich, um Schwung aufzubauen – und stecke zehn Meter weiter wieder fest. Wir wiederholen die Prozedur viermal, bis wir endlich oben auf dem rettenden Dünenkamm stehen.

Schon durch Martha´s und Bartek´s GPS-Gerät inspiriert, steht spätestens nach dieser Erfahrung ein solcher Ausrüstungsgegenstand bei uns ganz oben auf der Wunschliste für kommende Abenteuer.

Erleichtert setzen wir unsere Suche nach dem richtigen Weg fort. Glücklicherweise queren zwei junge Beduinen in ihrem PickUp unseren Weg. Kurzerhand fahren sie uns voraus und leiten uns so durch die unzähligen Fahrspuren auf die richtige Piste, der wir schnurgerade bis zur asphaltierten Straße folgen können. Beim darauffolgenden Tankstopp ermitteln wir, dass der Durst des Ländys wegen der enormen Anstrengungen im Tiefsand auf 23 Liter pro hundert Kilometer angestiegen war. Sonst reichen ihm zehn Liter ...

Die schmale Teerstraße führt schnurstracks südwärts und zeigt uns die recht öde Facette einer Wüste. Meistens ist auf dieser Strecke einfach nichts: Ein Band aus Asphalt teilt eine ansonsten absolut plane Schotterebene in zwei scheinbar gleich große und bis zum Horizont reichende Teile.

Die Fahrt verläuft monoton und zäh, nur langsam schmelzen die vielen Kilometer dahin. Wir sind froh, als wir nach drei Tagen das Küstengebirge um Salalah erreichen. Während des Monsuns muss es leuchtend grün sein und ein Panorama ähnlich wie das der Alpen bieten, samt Rindern, die auf saftigen Weiden grasen. Leider ist der letzte Monsun schon eine ganze Weile her, und die Weiden sind um diese Jahreszeit abgefressen und verdorrt. So können wir die grüne Besonderheit nicht bestaunen. Die halbe arabische Welt reist während der Sommermonate nach Salalah, um im Regen spazieren zu gehen und die Wüste im grünen Glanz erwachen zu sehen.

Die Stadt an sich ist aber auch jetzt sehr grün. Überall wachsen Dattel- und Kokospalmen, Papayagewächse sowie Bananenstauden. Die Früchte der Pflanzen können wir ganz frisch und zu einem geringen Preis bei Straßenhändlern kaufen. Viele der hier lebenden Omaner sind afrikanischer Abstammung, die sogenannten Sansibaris. Die Menschen mit dieser sehr dunklen Hautfarbe in Verbindung mit den vielen Palmen in der Stadt, aber auch die vielen heruntergekommenen, leerstehenden Häuser lassen uns ein afrikanisches Ambiente spüren.

Wir erkunden das Umland in Richtung der jemenitischen Grenze und trauen uns bis auf 40 Kilometer an sie heran.

An einem einsamen Strand, den wir uns nur mit einer Herde Kamele teilen müssen, bekommen wir morgens Besuch von einem heimischen Fischer. Er begrüßt uns herzlich und schenkt uns Mandarinen, Bananen, Saft, Sandwiches und Kartoffelchips. Wieder einmal diese Gastfreundschaft, die uns sprachlos macht, die für uns Deutsche Vorbildfunktion haben könnte und stattdessen leider immer im ersten Moment für Argwohn sorgt. In unserem Kulturkreis passiert es einfach so gut wie nie, dass sich ein Fremder einfach freut, dich zu treffen und dir sogar selbstlos sein Mittagessen schenkt – ganz ohne Hintergedanken.

Mein Geburtstag steht an. Das Datum soll für uns zugleich den Wendezeitpunkt markieren. Einen Tag zuvor haben wir per Zufall Angela auf ihrem Motorrad wiedergetroffen. Gemeinsam feiern wir meinen Jahrestag "typisch deutsch" um 15:00 Uhr mit Kaffee und Kuchen. Den leckeren Schokoladenkuchen zaubert Anja auf einer selbstgebauten Grill-Backofen-Konstruktion, als Backform dienen Aluminium-Auflaufförmchen. Abends gibt's eine weitere kulinarische Besonderheit: Kamelfleisch.

Am nächsten Tag schon wollen wir unseren Kurs ändern und

langsam der Küste folgend in Richtung Norden aufbrechen. Obwohl das Meer mit seinen Stränden und das teils steile Küstengebirge für deutlich mehr Abwechslung sorgen als die inländische Strecke, gibt es auch hier nicht wirklich viel zu sehen. Da uns klar ist, dass es bald heißt, vom Ozean Abschied zu nehmen, genießen wir das angenehme Wasser, die weißen Sandstrände und das tolle Wetter und fahren Stück für Stück weiter.

Im Wadi Ash Shuwaymiah bestaunen wir tiefe, über Jahrhunderte in das Kalkgestein gewaschene Canyons und Höhlen. Aus den senkrechten Felswänden entspringende Quellen und verwandeln das Gebiet mit Farnen, Palmen und andere Gewächsen in hängende grüne Gärten. Während einer einsamen Wanderung durch die bizarren Formationen versuchen wir, per Reihenaufnahme mit unserer Kamera das beeindruckende Panorama festzuhalten. Nicht erst hier wird selbst uns Laien deutlich, dass der Oman für Geologen eine Reise ins Paradies sein muss.

 Auf unserem Weg nach Norden wollen wir in Ras-al-Jinz Halt machen und uns in einem Naturpark Grünschildkröten bei der Eiablage ansehen. Die bedrohten Tiere kommen in der Dunkelheit an die Strände, um die Eier im weichen Sand zu vergraben. Der weltweit wichtigste Strand für die Grünschildkröten ist jener in Ras-al-Jinz. Daher ist der gesamte Strandabschnitt der Bucht für den Tourismus gesperrt. Allerdings gibt es die Möglichkeit, an einer Führung teilzunehmen, in der ein Ranger die Interessierten spät abends zu den Tieren führt.

Zur vereinbarten Zeit finden wir uns in einem Hotel in der Nähe ein. In der Lobby warten bereits etliche andere Touristen. Erstaunt stellen wir fest, dass sogar drei Gruppen mit je ungefähr

40 Leuten von den Rangern kurz hintereinander an den Strand geführt werden sollen. Als klar ist, dass tatsächlich gerade in diesem Moment zwei Tiere mit der Eiablage beschäftigt sind, beginnt ein hektischer Kartenverkauf.

Als es los geht, sind die Regeln klar: Licht machen, Anfassen, laute Geräusche und vor allem das Fotografieren ist nicht erlaubt. Jede Ablenkung kann zum Abbruch der Eiablage führen, was für Mutter- und Jungtiere gleichermaßen gefährlich ist.

Ich schätze, wir hocken mit den anderen 40 aus unserer Gruppe genau seit einer halben Minute neben der im Sand wühlenden Schildkrötendame, als das erste Foto geschossen wird, begleitet von einem gleißend hellen Blitzlicht. Energisch wiederholt der Ranger das Fotoverbot. Als vielleicht dreieinhalb Minuten später erneut ein Foto gemacht wird, kassiert er konsequent die Kamera ein. Der Satz einer deutschen Touristin "... jetzt müssen wir nur noch ein paar Eier sehen!" bestätigt unsere Vorahnung: Es geht hier nicht darum, ein Stück Natur respektvoll zu bewundern oder gar etwas zu lernen. Es geht auch nicht darum, sich Gedanken zu machen, warum sich diese Tiere seit vielen Millionen Jahre auf der Erde behaupten und erst durch den Menschen vom Aussterben bedroht sind. Es geht leider für die meisten nur darum, ein "must see" einer Zwei-Wochen-Pauschal-Omanreise abzuhaken.

Für uns war es ein sehr eindrückliches Erlebnis, vor allem als die Turtlelady nach getaner Schwerstarbeit langsam und mühevoll zurück ins Meer robbte, immer wieder verschnaufend, bis sie schließlich in der Brandung verschwand. Dennoch haben wir ein anderes Verständnis von Artenschutz.

Sur ist nur ein Katzensprung von diesem Strand entfernt. Vor unserer Ausreise aus dem Oman wollen wir noch einige Dinge erledigen – Sur bietet sich als überschaubare Stadt dazu an. Allmählich wissen wir, wie omanische Städte "funktionieren": Es gibt ein Viertel mit Autowerkstätten, eines mit Stahl- und Aluminiumshops, und im Zentrum gibt's Straßen voller Schneidereien und Wäschereien.

So geben wir unsere mittlerweile ziemlich verschlissenen Klamotten zur Reinigung ab und begeben uns auf die Suche, um Anja´s Anliegen anzugehen: Nach nun über einem halben Jahr on the road und etlichen Haarschneide-Selbstversuchen möchte sie für ihr mittlerweile völlig erblondetes Haar professionellen Beistand. Die Matte soll runter!

Die Suche gestaltet sich als äußerst schwierig. Friseurgeschäfte sind nach Geschlechtern getrennt, wie zum Beispiel auch Taxis. An jeder zweiten Straßenecke finden wir einen Friseur für Herren, nirgends aber entdecken wir einen für Damen. Nachdem wir die halbe Stadt abgesucht haben und in vier Herrensalons nachfragten, deren Belegschaft sich dagegen verwehrte, einen Frauenkopf zu frisieren, halten wir vor einem Beauty-Salon. Die Mitarbeiter dort kennen ein Friseurgeschäft für Frauen und fahren uns voraus bis in einen abgelegenen Hinterhofbezirk. Unauffällig in einem Wohnhaus untergebracht befindet sich hier tatsächlich ein Salon. Der Zutritt ist Männern untersagt, somit sitze ich im Ländy und mache mich auf einiges an Wartezeit gefasst.

Allerdings tritt Anja schon nach recht kurzer Zeit an die Seitenscheibe, dreht sich von links nach rechts, von rechts nach links und fragt mit leichter Skepsis: "...und? Wie sehe ich aus?"

Verunsichert antworte ich: "Gut!"

Leicht frustriert steigt Anja ein und erklärt mir den Grund für die kaum wahrnehmbare Veränderung.

Im Salon herrschte absolutes Unverständnis, warum Anja die Haare noch kürzer haben wollte. Ein mitgebrachtes Foto von der Zeit vor unserer Abreise war leider keine Hilfe. Es scheint, als hätten Frauen in muslimischen Ländern grundsätzlich langes Haar zu tragen und somit die Friseurinnen hier auch keine Ahnung, wie man einen Kurzhaarschnitt bewerkstelligt. Trotz des wenig zufrieden stellenden Ergebnisses berichtet Anja von einem sehr fröhlichen Ausflug in die hiesige Damenwelt.

Ein Herrenfriseur wäre vermutlich die richtigere Adresse für einen Kurzhaarschnitt gewesen. Einen feschen Haarschnitt gibt's dann wohl erst wieder in Europa.

Mit frisch gewaschener Wäsche und aufgefüllter Gasflasche sind wir für die Weiterreise gewappnet. Bevor es wieder losgeht, möchten wir uns eine Besonderheit in Sur nicht entgehen lassen: In diesem netten Städtchen waren einst jene Werften beheimatet, die die legendären Dhau-Holzboote in großer Zahl fertigten. Bis zum Anfang des letzten Jahrhunderts waren die größten von ihnen, die Ghanjas, als Handelsschiffe überall auf den Meeren zwischen Indien und Ostafrika anzutreffen. Mit ihrem dreieckigen, arabischen Segel haben sie eine wilde, piratenschiffähnliche Erscheinung. Heute werden keine Dhaus mehr gebaut, lediglich repariert. Wir finden diese Boote toll und wollen uns die Werften unbedingt anschauen.

In den Betrieben an der großen Lagune von Sur wird gleich ersichtlich, dass die große Zeit der Dhaus vorüber ist. Im brackigen Flachwasser vor den sogenannten Werften liegen einige wenige Fischer-Dhaus zur Überholung; manche von ihnen scheinbar schon so lange, dass sie auseinander gebrochen sind. Drumherum treibt allerhand Müll und Unrat: Plastikflaschen, Autoreifen, Schuhe, Haushaltsmüll und vieles mehr. Auf dem flachen Ufer haben wir Mühe, uns einen Weg durch die riesigen Berge von Holzabfall und sonstigem Müll zu bahnen. Nur in einem Betrieb, in dem wir halbwegs eine Struktur und Ordnung erkennen können, werden gerade zwei beeindruckende Ghanjas parallel neu gezimmert.

Etwas enttäuscht kehren wir Sur den Rücken. Im Wissen, dass uns der Kurs ab jetzt ins Inland führen wird, verbringen wir unseren letzten Abend auf einem schönen Kiesstrand in der Nähe der Stadt, backen frisches Brot auf dem Lagerfeuer und genießen ein letztes Mal die erfrischenden Fluten des Arabischen Golfs.

Wir wollen uns noch einmal nach Ibra aufmachen. Wir haben gehört, dass dort Beduinen freitags Kamelrennen abhalten. Morgen ist Freitag und wir wollen uns beeilen. Das Rennen startet schon um 6:30 Uhr und dauert nur ungefähr eine Stunde.

Am Ortseingang fragen wir nach dem Veranstaltungsort. Man schickt uns von A nach B, wir suchen einige Stunden. Mittlerweile weit über 50 Kilometer von Ibra entfernt, finden wir mehr durch Zufall tatsächlich die Rennbahn - doch niemand ist hier. Wir können uns kaum vorstellen, dass hier morgen früh ein Rennen stattfinden soll, ist es doch schon nach 21:00 Uhr. Nichts deutet auf ein solches Ereignis hin. Etwas entfernt schlagen wir in der Wüste unser Camp hinter einem Busch auf und stellen den Wecker auf 5:45 Uhr – so früh wie nie zuvor.

In der Nacht schlafen wir tief und fest, träumen von Beduinen, die majestätisch und stolz auf ihren Kamelen reitend in der Dämmerung des frühen Tages erscheinen. Woher nimmt man eigentlich immer solch übertrieben romantische Vorstellungen? Auch in Oman ist das Jahr 2014 eingekehrt, und so werden wir nicht etwa von unserem Wecker oder dem Schreien der Kamele geweckt.

Früh am Morgen rasen dröhnend einige Dutzend PickUp und LKW heran. Kurz darauf bevölkern Starter und Zuschauer das Gelände. Die Tiere werden abgeladen. Wir machen uns auf, einen Platz auf der Tribüne zu ergattern, was leicht ist, denn die Tribüne ist vollkommen leer. Wir wundern uns, wo denn die ganzen Zuschauer in ihren Geländewagen hinfahren und denken uns, dass es sicher noch eine Tribüne im Bereich des Startpunkts gibt.

Das Rennen beginnt. Wir begeben uns direkt an die Bahn und schauen gespannt den Kamelen entgegen. Tatsächlich, die ersten Tiere tauchen auf, doch wir sehen keine Reiter. Stattdessen werden die rennenden Wüstentiere links und rechts neben der Bahn von einigen Dutzend Geländewagen flankiert, die auf Höhe der Tiere wild hupend auf uns zu rasen. Scheinbar will niemand eine vielleicht spannende Sequenz des Rennens verpassen, und so fahren die zuschauenden Beduinen einfach nebenher. Die Tiere galoppieren an uns vorüber, und erst jetzt bemerken wir ungläubig die Jockeyroboter, die auf ihre Höcker geschnallt sind und unablässig per Automat die Kamele mit einer Gerte antreiben. Um Gewicht zu sparen, hatte irgendwann wohl einmal ein findiger Beduine die Idee, die ehemaligen, jungen, drahtigen Reiter gegen eine solch leichte Kiste auszutauschen, um sich einen Vorteil zu verschaffen – und mittlerweile scheint das gängiger Standard zu sein.

Nach dem Zieleinlauf gibt es ein wildes Fahrzeuggedränge. Jeder Fahrer möchte schnell zurück zum Startpunkt, um einen guten Platz für den nächsten Lauf zu ergattern. Es wird gehupt und geflucht, es gibt Blechschäden.

Nach dem fünften Lauf mit Jockeyrobotern ist unsere Hoffnung, doch noch Reiter aus Fleisch und Blut auf dem Rücken der Tiere zu sehen, auf null gesunken und wir beschließen, lieber frühstücken zu gehen.

Als wir uns umdrehen, bemerken wir doch noch einige ältere Herrschaften, die auf der Tribüne Platz genommen haben. Einer von ihnen beobachtet das Geschehen von der ersten Reihe aus. Ganz in traditionellem Dress, fasst ein breiter, reich verzierter Gürtel seinen weißen Einteiler in der Hüfte zusammen, vorn ziert ein hübscher, typischer Krummdolch, ein "Khanjar", sein Erscheinen. Unter dem Turban zeigt sich sein wettergegerbtes, zerfurchtes Gesicht, der lange, graue Rauschebart reicht ihm bis auf die Brust. In seiner Rechten hält er einen ebenfalls typischen Kamelstock. Fast ein wenig traurig wirkt er, während er das Treiben verfolgt. Gerne würden wir wissen, was er über unser gemeinsames Erlebnis denkt und wie ein solches Rennen in seiner Jugend wohl ausgesehen hat.

Nach kurzer Zeit ist der Wettbewerb vorüber. In unseren Stühlen noch beim Frühstück sitzend beobachten wir, wie die Kamele wieder auf die PickUps und LKW verladen werden. Einige Besitzer treiben ihre Tiere laut hupend oder mit Hilfe von Motorengebrüll vor den Autos her. Wir freuen uns, doch noch einige wenige Reiter zu sehen, die auf ihren Altkamelen jeweils eine Gruppe junger Rennkamele nach Hause führen.

Allmählich drängt ein wenig die Zeit, denn unser Saudi-Visum ist nur begrenzt gültig, und es sind noch einige Kilometer bis zur Grenze. Dennoch haben wir uns ein Highlight für den Schluss aufbewahrt: Nizwa.

Nizwa ist eine alte, mittelgroße Stadt mit einem großen, hübsch restaurierten Fort. In dessen Mitte gibt es einen umfangreichen Markt, in dem man viele typisch omanische Dinge kaufen kann. Wir schlendern umher, bestaunen den geschäftigen, trotz einigen Touri-Rummels alltäglichen Handel mit sämtlichen Waren, erstehen als Souvenir eine antike, arabische Kaffeekanne – und treffen auf Saleh.

Saleh ist ein Omaner in unserem Alter, spricht aufgrund seines Studiums in Deutschland sogar unsere Sprache und zudem sehr gut englisch. Spontan lädt er uns zum Abendessen ein. Bei einem Picknick überrascht er uns mit einer Vielzahl omanischer Köstlichkeiten, die in der Menge gar nicht zu bewältigen sind. Während des netten Abends erfahren wir viele Details über die omanische Lebensweise und den Islam.

Im Gegenzug laden wir ihn zum Frühstück zu uns ins Camp ein. Gerne nimmt er an, erscheint am nächsten Morgen in traditioneller Kleidung und überreicht uns ein Gastgeschenk.

Seine Frage, welches Land uns auf der Reise bis jetzt am besten gefiel, ist nur sehr schwer zu beantworten. Es hängt davon ab, welche Parameter angelegt werden. Betrachten wir die Outdoor-Möglichkeiten, die Möglichkeiten, unseren Ländy zu nutzen und einzusetzen, um menschenleere Spots zu erreichen, in Kombination mit der unaufdringlich zurückhaltenden Gastfreundschaft der Menschen, natürlich dem Wetter, aber auch die politische Situation und dem Rückhalt der Politik in der Bevölkerung, so hat der Oman für uns vermutlich gewonnen. Nirgendwo sonst fuhren wir so viele Kilometer auf unasphaltierten Wegen oder gar weglos, konnten uns so frei und grenzenlos bewegen und uns dabei sorglos und sicher fühlen. In Oman selbst hat uns die Region zwischen Al Hamra und Sinaw mit ihrer Vielfältigkeit und ihrem Abwechslungsreichtum landschaftlich wie auch kulturell am besten gefallen. Saleh ist zufrieden.

Als wir uns gegen Mittag verabschieden, steht der Kurs fest: die Grenze zu den VAE. Fast in Sichtweite verbringen wir die letzte Nacht auf omanischem Boden in der Wüste.

Bei einsetzendem Regen machen wir uns gegen 9:00 Uhr am nächsten Morgen auf, die Grenze zu überqueren. In unser Tagebuch schreiben wir: "Der Oman weinte, als wir gingen!"

Im Bewusstsein, eine wirklich großartige Zeit in diesem Land verbracht zu haben, viele tolle Menschen getroffen zu haben und etliche prägende Erfahrungen reicher zu sein, rollen wir auf den Grenzübergang zu.

Als uns der Grenzer mit einem lauten "Klock" den Exit-Stempel in die Pässe knallt, wird uns schlagartig klar: Die Heimreise beginnt!

*Die garantiert kleinste Moschee auf unserer Reise: rudimentäre Ein-
richtung in den Bergen Mussandams.*

*Better save than sorry: höher gelegener, einsamer Camplatz in einem
wunderschönen Wadi.*

Auf Entdeckungstour: unterwegs im Wadi Ghul.

Oman von gestern: die verlassene, alte Lehmhaussiedlung des Ortes Ghul.

Beeindruckende Wasserwirt-schaft: Die Falajs versorgen die Oasen mit Wasser und ermöglichen die Bewirtschaftung.

Schnell wie der Wind: Ein Fischer filetiert den frischen Fang auf dem Wochenmarkt in Sinaw.

No risk, no fun: anspruchsvolle Flusspassage in einem gefluteten Wadi.

Volle Aufmerksamkeit: gründliches und professionelles Servicepersonal beim Ölwechsel.

Schweißtreibende Angelegenheit: Mit Hilfe von Spaten und Sandblechen gelingt die Bergung des Ländys.

Traumhaftes Wüstenpanorama: die Wahiba Sands kurz vor Sonnenuntergang.

Keine Versorgungsschwierigkeiten: In Salallah können wir uns überall mit frischem Obst und Gemüse eindecken.

Kamelrennen anno 2014: Angetrieben von Jockey-Robotern und Motorengebrüll strebt das Tier der Ziellinie entgegen.

Endlich Feierabend: die Protagonisten des Kamelrennens.

Vom Ende einer langen Reise
Viele Wege führen nach Hause

Heimat: Die "Heimat" symbolisiert eine Beziehung zwischen Mensch und Raum. Im Allgemeinen gilt jener Ort als Heimat, an welchem ein Mensch geboren wird. Wesentliche Inhalte des Begriffs sind zudem frühe Sozialisationserlebnisse und daraus folgend die Prägung der eigenen Identität und Mentalität, des Wertesystems und der Weltanschauung.

Allmählich übertönt das Blubbern unserer Bialetti-Espressomaschine das fauchende Geräusch des Gaskochers. Der zischend aus dem Ausguss strömende Dampf sorgt für aromatischen Kaffeegeruch und reißt mich aus meinen Gedanken.

Obwohl der Himmel mit dichten Wolken grau verhangen ist, sind die Temperaturen angenehm und es ist nach wie vor trocken. Ich setze mich hinüber zu Anja an den gedeckten Frühstückstisch und wir diskutieren die verschiedenen Antworten auf die Fragen, die mich heute Morgen schon beschäftigen. Wird das Visum an der saudischen Grenze akzeptiert werden? Packen wir die Durchquerung des Landes in drei Tagen und was, wenn nicht? Erhalten wir tatsächlich an der israelischen Grenze ein "Visa on arrival" und was werden die dortigen Behörden zu den vielen arabischen und muslimischen Stempeln, besonders dem iranischen sagen?

Nach einer Weile ist uns klar: Es bringt nichts, alle möglichen Situationen durchzuspielen und eine Lösung zu entwickeln, denn es gibt einfach zu viele Möglichkeiten. Außerdem hat uns die Reise bis hierhin eins gelehrt: Irgendwie geht's immer weiter, man muss es nur probieren!

Wenig später reihen wir uns in den dichten, aber zügig fließenden Verkehr Richtung Grenze der VAE ein.

Gestern Abend hatten wir uns ihr bis auf 15 Kilometer genährt, um heute am Morgen zeitig den Oman verlassen zu können. Wir waren einfach kurzerhand von der Autobahn auf einen Feldweg abgebogen, dem wir vielleicht 150 Meter folgten, bevor wir unser Lager in der Dunkelheit neben einem stattlichen Busch aufschlugen.

Gerade als das Zollgelände in Sicht kommt, beginnt es doch noch zu regnen. Das Prozedere hier ist uns bekannt und läuft zügig und ohne Komplikationen ab, so dass wir uns schon nach einer halben Stunde auf der Autobahn Richtung Abu Dhabi wiederfinden.

Wir haben einen Plan: In drei Tagen, heute mitgerechnet, wollen wir die Grenze zu Saudi Arabien überqueren. Die ersten beiden Tage wollen wir nutzen, um bis unmittelbar vor die Grenze zu gelangen, den dritten, um noch einmal auszuspannen und den Ländy gründlich durchzuchecken. Werden wir erst einmal in Saudi Arabien eingereist sein, haben wir nur drei Tage Zeit, um 2.100 Kilometer zu bewältigen, und das mit einer realistischen Durchschnittsgeschwindigkeit des kleinen Roten von 70 bis 80 Stundenkilometern. Also keine Zeit zum Entspannen und auch nicht für eventuell vorhersehbare Reparaturen oder Wartungsarbeiten ...

Vorher müssen wir aber noch Landkarten auftreiben, denn über den Mittleren Osten haben wir nichts an Bord, schon gar nicht von Saudi Arabien. Jetzt könnte man annehmen, man hält kurz an einer Autobahnraststätte, kauft einen Straßenatlas über die besagte Region und weiter geht's! So würden wir es in Deutschland auch machen, hierzulande gibt's aber an Tankstellen keine Landkarten zu kaufen und auch die Buchgeschäfte führen, wenn überhaupt, nur welche des eigenen Landes. So hatten wir bereits im Oman ein halbes Dutzend Bücherläden abgeklappert – ohne Erfolg.

Im Internet haben wir recherchiert, dass es in Abu Dhabi eine große Buchhandlung gibt, die recht erfolgversprechend zu sein scheint. Zufälligerweise liegt sie im gleichen Einkaufszentrum wie die Visa-Agentur, über die wir zuerst unsere Saudi-Visa beantragen wollten. Somit finden wir das besagte Geschäft schnell und haben sogar Erfolg, was die Karten betrifft. Zwar ist die Auswahl an Landkarten übersichtlich und die Qualität mäßig, trotzdem finden wir Exemplare, die für unsere Navigations- und Übersichtszwecke reichen sollten.

Es ist gegen 17:00 Uhr, als wir Abu Dhabi westwärts verlassen, ähnlich wie zuhause ist um diese Zeit auch hier Rush Hour. Dichter Verkehr quält sich zäh aus der Stadt, begleitet von einem nicht endenwollenden Hupkonzert. Auffallend sind die unendlich vielen Busse, in denen müde und matt zahllose Gastarbeiter in blauen Overalls sitzen wie Legehennen auf einer Hühnerfarm. Die Busse fahren die Männer an den Stadtrand, wo sie in gesichtslosen, wenn auch ordentlichen Hochhäusern mit unzähligen Fenstern untergebracht sind. Morgen früh werden sie wieder abgeholt werden, um pünktlich auf der Arbeit zu erscheinen.

Wir passieren einen solchen Block, auf der Straße wimmelt es von ankommenden und wartenden Männern ähnlichen Alters soweit das Auge reicht. Nicht ein weibliches Wesen, fast schon gruselig.

"Hier will man als Frau im Dunklen nicht aussteigen", entfährt es Anja, während uns viele Augenpaare anstarren, als wir vorüber fahren. Wieder empfinden wir die Szene als indirekten Rassismus.

Es ist dunkel, und wir sind müde, als wir schließlich den Großstadtmoloch hinter uns lassen.

Irgendwie gelingt es uns heute nicht, abseits der Strecke einen geeigneten Campplatz zu finden, und so verlassen wir entnervt die Autobahn, um ein Stück einer Landstraße zu folgen. Hier geht es deutlich ruhiger zu, es gibt nur wenig Verkehr. In gewohnter Manier biegen wir einfach rechts von der Straße ab, um quer durchs Gelände und im Schutz der Dunkelheit in der Wüste zu verschwinden, um unser Nachtquartier aufzubauen.

Am Morgen sind wir schon wach, als wir hören, wie draußen in einiger Entfernung ein Auto auf der Straße hält und hupt. Wir lassen uns nicht stören, reagieren nicht, denn gerade in den VAE ist das nicht besonders ungewöhnlich. Würden wir aus dem Dachzelt lugen, würden wir vermutlich einen weißen Toyota Land Cruiser sehen, in dem ein strahlender Araber mit gerecktem Daumen ruft: "How are you?". So oder so ähnlich haben wir es in den vergangenen Wochen immer wieder erlebt.

Irgendetwas ist dieses Mal aber anders. Der Kerl da draußen hupt unablässig, und spätestens, als die Sirene eingeschaltet wird, ist klar: Es ist zwar ein weißer Toyota, aber die Message wird bestimmt eine andere sein!

Vor unserem Zelt warten zwei Polizisten. Sie klären uns auf, dass wir in militärischem Speergebiet stehen und besser von hier verschwinden. Wir entschuldigen uns, beteuern, dass wir keine Ahnung hatten, da uns keine Schilder darauf aufmerksam gemacht hatten und es bereits Nacht war, als wir hier parkten.

Erst jetzt bemerken wir die Kaserne in einiger Entfernung. Der Polizist meint "no problem", erzählt, dass er großer Fan von Deutschland sei, vor einem Monat in Aachen im Uniklinikum operiert wurde und uns außerdem schon einmal per Zufall mit unserem Auto in Sur in Oman gesehen habe. Tja, die Welt ist klein!

Da wir mit Militärs nicht die besten Erfahrungen gemacht haben, verzichten wir erst einmal auf unser tägliches gemütliches Frühstück und beeilen uns, flott von hier weg zu kommen. Das gelingt uns auch fast, als erneut ein weißer Toyota PickUp auf der Straße hält und ein kleiner Asiate auf Flipflops und ein älterer, bäriger wie bärtiger Afrikaner in Wüstentarnuniform zielstrebig auf uns zuhalten.

Der Asiate formuliert im Stakkato zahllose Fragen und Vorwürfe, ist unfreundlich, ohne uns anzuschauen und vor allem, ohne uns zu Wort kommen zu lassen. Der dunkle Brummbär steht daneben und schweigt mit in den Taschen vergrabenen Händen.

Kurzerhand werden unsere Pässe einkassiert. Es müsse überprüft werden, ob wir ein Visum hätten und was wir überhaupt in den VAE wollten. Das sei Aufgabe der Polizei, wir sollen zur Wache folgen.

Wie der Zufall es will, treffen wir dort auf den Streifenwagen, der uns vorher schon aufgegriffen hatte. Der in Aachen operierte Polizist klinkt sich ein, fragt, was los sei. Er lässt einen kurzen Blick über unsere Pässe schweifen, bevor er sie uns mit einem

Augenzwinkern und den Worten "gute Reise" wieder zurück-reicht. Glück gehabt!

Wir treffen in Sila ein, ein Städtchen circa 20 Kilometer vor der saudischen Grenze. Der Ländy wird aufgetankt, wir tauschen US-Dollar gegen saudische Rial, um im Nachbarland zahlungs-fähig zu sein.

Am Strand außerhalb der Stadt finden wir einen ruhigen Stell-platz, auf dem wir unseren letzten Tag in den VAE verbringen können, um in Ruhe alle Vorbereitungen zu treffen. Wir kontrol-lieren das Öl in Motor, Achsen und Getriebe, überprüfen Radla-ger und Luftdruck, schauen nach Wasser, Kühl- und Bremsflüssigkeit. Es werden Haare geschnitten, wir duschen, putzen und kochen vor. Am Ende des Tages sind wir zufrieden und können sagen: Es kann losgehen!

Am Morgen des 15. Februar passieren wir gegen 9:00 Uhr den VAE-Grenzposten. Auf saudischer Seite überprüft man unsere Visa und fordert uns dann auf, uns zum Fingerabdruck- und Augen-Hornhaut-Scan zu begeben, nach Geschlechtern getrennt selbstverständlich!

Im Wartesaal der Männer steht bereits eine lange Schlange war-tender Menschen. Viele von ihnen scheinen auf einer Pilgerreise nach Mekka und Medina zu sein, andere sind LKW-Fahrer, die dicke Stapel Dokumente bei sich tragen. Ich bin der einzige Eu-ropäer in diesem Raum, alle anderen sind Araber, Inder oder Pa-kistani.

Nach einer Weile beobachte ich, wie Anja von der anderen Seite des Geländes herüber kommt. Meine Warteschlange hatte sich in der Zwischenzeit keinen Millimeter vorwärts bewegt.

Die beiden wenig motivierten Zollbeamtinnen in dem kleinen Kämmerchen, das den Frauen zugedacht ist, sahen sich nicht in der Lage, Anja als wahrscheinlich einziger weiblicher Einreisenden die Fingerabdrücke abzunehmen. Wir stehen nun vielleicht zwei Minuten als Paar zusammen in der Wartehalle für Männer, als man uns beide an der gesamten Schlange vorbei winkt und flott abfertigt.

Somit waren wir eingereist – aber der Ländy noch nicht!

Der für Fahrzeuge zuständige Beamte lässt uns rechts ranfahren und beginnt, unser Auto ausräumen zu lassen und in jede Kiste zu gucken. Um das Ganze etwas abzukürzen, drücke ich ihm ein paar weibliche Hygieneartikel in die Hand.

"Ok, ok, close ...", ruft er und streckt abwehrend die Hände vor. Nachdem er auch in unserer Kühlbox keinen Whisky und keine Drogen gefunden hat, fragt er nach dem "Car Passport". Obwohl mir klar ist, dass er das Carnet de Passage meint, stelle ich mich dumm und fange langsam an zu schwitzen. Denn: Aufgrund des vielen Ärgers, den wir mit dem Dokument bisher hatten, hatten wir es ab dem Oman nur noch vorgezeigt und stempeln lassen, wenn man uns direkt danach gefragt hatte – was nie passierte.

Er lässt nicht locker. Ich merke, dass wir so nicht weiter kommen und hake an irgendeiner Stelle ein: "Ahhh, you mean the Carnet de Passage …!?"

Ich krame die Papiere aus dem Auto und bin gespannt, was nun passiert. Der Uniformierte blättert vor und zurück, findet aber keinen Einreisestempel.

Fassungslos greift er zum Hörer – und im nächsten Augenblick werde ich mitsamt Carnet zum Leiter der Zollbehörde beordert. Im Foyer des großen Gebäudes muss ich mich in ein Buch eintragen, sogar mit Passnummer. Ich warte eine Weile, dann erfolgt der Aufruf "Mr. Ebener", und meine Audienz beginnt.

Hinter einem massiven, schweren Schreibtisch aus dunklem, fast schwarzem Holz sitzt in einem noch größeren ledernen Bürostuhl der Leiter der Behörde. Er trägt das landestypische lange, strahlend weiße Gewand mit dem passenden Arabertuch auf dem Kopf. Sein Gesicht ziert ein akkurat gestutzter Vollbart. Nach einer dürftigen Begrüßung studiert er unser Carnet. Wie ein Bengel, der was ausgefressen hat, hocke ich vor seinem Schreibtisch und schaue ihm zu. Nach einer Weile fragt er mich, wo denn der Einreisestempel sei. Ich antworte, dass die Kollegen das Carnet nicht gestempelt hätten, es gäbe keinen Einreisestempel.

"No stamp?!" fragt er mich mit prüfendem Blick.

"No stamp!" antworte ich kurz. Nachdenklich betrachtet er erst das Dokument, dann mich. Mit einem lauten Knall schlägt er das Carnet zu. Mein Herz klopft. Er greift zum Hörer und spricht energische, für mich unverständliche arabische Worte hinein.

Wieder schaut er mich mit durchdringendem Blick stumm an. Dann schiebt er unerwartet das Carnet über den Tisch.

"Finish. You can go!"

Vermutlich ist ihm aufgegangen, dass der Zweck des Papiers darin besteht, dass die Leute ihre Fahrzeuge wieder mit aus dem Land nehmen, statt sie teuer und unverzollt im Innland zu verhökern, wie es früher insbesondere in Indien oft vorkam. Und genau das haben wir ja vor, wir wollen ausreisen – und zwar mit unserem Auto ... Erleichtert bedanke ich mich und schaue zu, dass ich zurück zu Anja komme, die schon ungeduldig wartet. An einer Art Drive in-Schalter kaufen wir noch schnell eine KFZ-Haftpflichtversicherung für eine Woche.

Wir durchqueren den größten Sandkasten der Erde, die Rub al Khali. Der Name der größten Sandwüste der Welt heißt übersetzt "Leeres Viertel" – und das ist wirklich nicht übertrieben. Sie erstreckt sich vom Norden des Omans über die VAE bis hin in weite Teile Saudi Arabiens. Da es in ihr nichts gibt außer Wogen aus puderfeinem, gelblichem bis orangefarbenem Sand, existieren hier keine Städte oder Siedlungen. Sie zu durchfahren ist beispiellos monoton.

Wir sind gerade erst eine halbe Stunde unterwegs, als wir Zeuge werden, wie ein Fahrer seinen PickUp mitten auf der endlos geraden Straße auf der Beifahrerseite "geparkt" hat. Einige Autos haben bereits angehalten; die Sache scheint glimpflich ausgegangen zu sein, somit düsen wir weiter. Wir können uns gut vorstellen, wie der Fahrer in seinem Auto im gleißenden Sonnenlicht durch diese immer gleiche Sandlandschaft glitt, mit immer gleicher Geschwindigkeit auf dieser immer gleich schnurgeraden Straße, dann auf einmal, im Bruchteil einer Sekunde, aus seinem tranceartigen Zustand erwachte, reflexartig das Steuer verriss, um der riesigen Herde Kamele auszuweichen, die nur in seinem Traum vorüberzog. Und schon im nächsten Augenblick fand er die Welt vor seinen Augen um neunzig Grad gekippt und sein Vehikel auf der Tür liegend.

Jedenfalls scheint das hier so oder so ähnlich häufig vorzukommen. Immer wieder beobachten wir vollkommen demolierte Fahrzeuge aller Art oder auch die Überreste der Ladung eines umgestürzten LKW am Wegesrand. Auch Sandverwehungen stellen eine echte Gefahr dar, oftmals reichen die Dünen der "Rub", wie die Profis die Wüste kurz und ehrfurchtsvoll nennen, direkt bis an den Fahrbahnrand. In den besonders gefährdeten

Bereichen stehen alle paar Kilometer Radlader und Raupen bereit, um im Bedarfsfall die Sandmassen von der Fahrbahn zu schaffen.

Die vielleicht erträumten Kamelherden gibt's allerdings tatsächlich. Bei strahlend blauem Himmel und Windstille brauchen wir nicht auf Verwehungen zu achten und können entspannt diesen imposanten Säugern mit dem typischen Höcker auf dem Rücken nachschauen. Wir sehen Herden, die wohl aus mehreren hundert Tieren bestehen. Auch scheint es sich um eine andere Rasse als bei jenen in den VAE oder Oman zu handeln, denn sie wirken hier deutlich größer und massiger, und viele von ihnen sind fast schwarz.

Sind keine Kamele auszumachen, halten wir uns mit Hörbüchern und Music CDs bei Laune, um nebenbei die langsam dahinschmelzenden zahllosen Kilometer wahrzunehmen.

Es ist bereits kurz nach 17:00 Uhr, als wir die ersten Vororte Rhiads erreichen. Der Verkehr wird dichter und hektischer, und nicht viel später stecken wir im Berufsverkehr fest. Als wir uns dem Stadtzentrum nähern, erstrahlt die Hauptstadt des Landes prächtig, modern und mit farbenfrohen Leuchtreklamen. Theoretisch könnten wir uns gerade auch in jeder europäischen Großstadt befinden. Lediglich der Kleidungsstil der vielen Passanten verrät, dass wir uns noch immer in einem muslimischen Land aufhalten. Während die Männer eher in schlichter und unauffälliger Kleidung unterwegs sind, tragen die Frauen ausnahmslos Kopftuch, oftmals auch die vollkommen den Körper verhüllende Burka.

Von den anderen Stauteilnehmern werden wir neugierig beäugt und gegrüßt. Wir bemerken, wie auch in den folgenden Tagen, dass wir wohl als Verkehrsexot mit ebenso exotischem Kennzeichen von einigen Insassen vorüberfahrender Autos mit Handykameras gefilmt werden. Wie viele Youtube-Videos vom kleinen roten Ländy in Arabistan wird es wohl geben? Ist Youtube in Saudi Arabien überhaupt erlaubt? Das bleiben ungeklärte Fragen ...

Immer noch im Stau steckend, beschäftigt uns vielmehr die Frage, welche der unzähligen Abzweigungen die richtige ist. Kurzerhand kurbele ich das Fenster herunter, um Rat bei der Besatzung des Nachbarautos einzuholen. Wir halten auf dem Seitenstreifen, und noch ein weiteres Auto stoppt. Begeistert heißt man uns willkommen, Leute werden angerufen, um ihnen von uns zu erzählen. Es wird eine Skizze angefertigt, die uns aus Rhiad führen soll und dazu noch einige Telefonnummern aufgeschrieben, deren Besitzer im Bedarfsfall gerne Hilfe leisten werden.

Überhaupt wird unsere Skepsis gegenüber Saudi Arabien oder zumindest seiner Bevölkerung schnell zerstreut. Hatten wir in den arabischen Nachbarländern und auch von anderen Reisenden nicht viel Gutes gehört, erfahren wir während unserer Durchquerung Gastfreundlichkeit und Hilfsbereitschaft. Es scheint die ewige Geschichte vom bösen Nachbarn zu sein, wie wir sie schon oft erlebten.

Dank der Skizze und der gefühlt hundertmaligen Erklärungen, wie wir fahren müssen, haben wir Rhiad zügig hinter uns gelassen und verkrümeln uns in einer weitläufigen Straßenbaustelle, um nach dem Verzehr des vorgekochten Essens zeitig schlafen zu gehen. Dank der Dunkelheit sind wir hier nicht auszumachen. Wir schafften trotz der dreistündigen Grenzformalitäten und des

Staus an diesem Tag 670 Kilometer und sind froh, dass alles so gut läuft.

Natürlich wollen wir keine Zeit verlieren und sitzen bereits gegen sieben am nächsten Tag im Morgengrauen wieder im Ländy – ohne Frühstück. Obwohl es für mich normalerweise ein no go ist, einen Tag ohne entspanntes Frühstück und mit ausreichend Kaffee zu beginnen, haben wir uns überlegt, für etwas Abwechslung zu sorgen und erst einmal ein gutes Stück zurückzulegen, um die ganze Fahrerei auf diese Weise etwas abwechslungsreicher zu gestalten. Insgesamt verläuft der Tag ziemlich unspektakulär, abgesehen davon, dass wir zweimal von vorüberfahrenden Autos gestoppt werden. Beide Male sollen wir bei den Familien übernachten, mit ihnen Abend essen oder zumindest einen Tee trinken. Gerne wären wir den Einladungen gefolgt und hätten etwas mehr über die Menschen hier erfahren, die unfreiwillig isoliert wie hinter einem Vorhang zu leben scheinen. Da wir jedoch nicht wissen, was die Grenzer bei der Einreise auf arabisch in unsere Pässe gekritzelt haben, wollen wir unser Visum nicht eigenmächtig "verlängern". Immerhin befinden wir uns in einem Land, in dem die strenge muslimische Scharia geltendes Recht ist, welche Verstöße mit teilweise unverhältnismäßigen Strafen ahndet – zumindest für unser europäisches Rechtsempfinden. Da wir schwer abschätzen können, wie genau es die saudischen Gesetzeshüter mit den Fristen nehmen, lehnen wir ab und setzen unsere Fahrt fort. Wieder sind wir beeindruckt und überrascht von der für uns ungewohnten Gastfreundschaft, die uns wie viele andere Details an Iran erinnert. Auch hier gibt es kaum Tourismus, auch hier haben viele Gebäude ihre besten Zeiten hinter sich, wirken ungepflegt und vernachlässigt. Vom sagenumwobenen Reichtum des Landes ist nicht wirklich viel zu spüren, aber vielleicht stimmen die Gerüchte, und die üppig fließenden Öldollar versickern in den Taschen der herrschenden Königsfamilie und der Oligarchen. Eine weitere Parallele zwischen den beiden Ländern ist der Spritpreis: Saudi Arabien erntet mit dem zweitniedrigsten Einheits-Dieselpreis von sieben Eurocent pro Liter die Silbermedaille in der Kategorie "Billigster Diesel auf dieser Reise". Dieser Umstand sorgt während der Tankstopps eigentlich regelmäßig für einen erfreuten Gesichtsausdruck, insgeheim habe ich mich aber doch etwas geärgert, nur zwei Reservekanister mitgenommen zu haben.

Am dritten Tag cruisen wir gewohnt entspannt die fast leere Autobahn entlang und sind beide in ein spannendes Hörbuch vertieft, als uns eine Polizeistreife zügig überholt, dann langsamer wird, um schlussendlich Sirene und Blaulicht einzuschalten und uns aus dem Verkehr zu ziehen.

Die beiden Anfang zwanzigjährigen Sheriffs könnten zweifelsohne auch die beiden Bullen aus einem amerikanischen Roadmovie sein, das passende Bühnenbild liefert die felsige Wüste. An ihren braunen Uniformen prangern allerhand Embleme und Abzeichen, am Gürtel ist neben der stattlichen Dienstwaffe die polierte Munition feinsäuberlich aufgereiht. Im Bereich der Gürtelschnallen baumeln lässig ein paar Handschellen. Irgendwie überrascht und fast schon ein wenig aus dem Häuschen, in ihrem Dienstbezirk ein ausländisches Auto aufgestöbert zu haben, wollen sie uns etwas fragen, sprechen aber kein englisch. Trotz des langen Aufenthalts in der arabischen Welt reichen auch unsere Kenntnisse der hiesigen Sprache gerade mal für "hallo", "bitte", "danke", "tschüss". So entlassen uns die Polizisten hilflos win-

kend in die Freiheit und geben uns für alle Fälle noch die Not-
rufnummer der Polizei mit auf dem Weg.

Vielleicht zwei Minuten später tauchen die beiden erneut neben
uns auf, um uns wieder zu stoppen. Sie hatten ganz vergessen,
Pässe und Visa zu kontrollieren. Sie holen das nach und werden
dabei per Funk vermutlich von ihrem Chef instruiert, denn sie
machen uns verständlich, dass sie uns nun bis zur jordanischen
Grenze Geleitschutz geben werden. Alle Versuche, ihnen diese
zeitvertreibende Idee auszureden, scheitern.

Anfänglich finden wir es ja ganz amüsant, wie ein wichtiger Po-
litiker eine Eskorte hinter uns zu wissen, grundsätzlich bereitet
mir aber ein blaulicht-blitzendes Polizeiauto im Rückspiegel
eher Unbehagen. Da wir dieses Szenario für die verbleibenden
470 Kilometer nicht fortsetzen wollen, überlegen wir, wie wir
die beiden übereifrigen Ordnungshüter wieder los werden können. Einfach Gas geben und den beiden rasant davon zu fahren
scheidet als Option aus – dafür sitzen wir im falschen Auto.

Am nächsten Rastplatz biegen wir ein. Wir trinken Kaffee,
schauen den Wagen durch, füllen Öl nach und hocken so lange
auf unseren rosa Campingstühlen, bis die zwei ihre selbstver-
ordnete Eskortiererei noch langweiliger finden als den eigentlichen Dienst und davonfahren.

Erleichtert und vor allem allein verbringen wir irgendwo in den
Bergen unsere letzte Nacht auf saudischem Boden.

Am Morgen des 15. Februar haben wir noch ungefähr 120 Kilometer bis zur Grenze zu fahren. In einer Tankstelle setzen wir
unsere letzten Saudi-Rial in Lebensmittel, Diesel und Souvenirs
um, bevor wir pünktlich 71 Stunden nach der Einreise den saudischen Posten an der Grenze zu Jordanien in Aqaba erreichen.

Es ist wenig Betrieb an diesem Mittag, schnell sind wir dort fertig und im Niemandsland zwischen den beiden Ländern verschwunden. Wir haben es tatsächlich geschafft: 2.100 Kilometer in der vorgeschriebenen Zeit, ohne Probleme, ohne Komplikationen und trotz allem recht entspannt!

An der jordanischen Grenze ist deutlich mehr los, vor allem unzählige LKW warten hier wohl schon seit Stunden auf ihre Abfertigung, aber nichts rührt sich. Die Fahrer haben Stühle und Gaskocher ausgepackt und sitzen teils in kleinen Gruppen, teils allein neben ihren Brummis und vertreiben sich die Zeit.

Glücklicherweise lässt man uns vorbei. Die Zollabfertigung geht sehr geordnet voran, die Zöllner sind freundlich und sprechen ein wenig englisch. Uns fällt auf, dass die Einreise nicht ganz billig ist. Es wird eine Gebühr fürs Auto fällig, genau wie für jeden von uns. Außerdem brauchen wir natürlich wieder eine neue Haftpflichtversicherung. Insgesamt sind wir im Handumdrehen um beinahe 180 Euro ärmer.

Aqaba haben wir nach zwanzigminütiger Fahrt erreicht, die Stadt liegt am Nordzipfel des Roten Meeres.

Wir erleben einen Minikulturschock. Alles scheint sehr westlich, das haben wir nicht erwartet. Die gesamte Struktur der Stadt erinnert an jene in Europa, und obwohl wir uns immer noch in einem muslimisch-arabischen Land befinden, ist der Kleidungsstil der Frauen deutlich freizügiger, körperbetonter und meist sind sie ohne Kopftuch anzutreffen. Wir sehen viele Reisebusse mit Touristen aus Übersee, hören deutsch, englisch und holländisch auf den Straßen.

Wir kaufen eine Prepaid-SIM-Karte für unser Handy und zum ersten Mal müssen wir für den Erwerb einer Guthabenkarte zusätzlich eine Gebühr bezahlen, irgendwie unlogisch. Am Abend des gleichen Tages verlassen wir Aqaba in Richtung Wadi Rum. Das nicht allzu weit entfernte Wadi ist weltberühmt für seine monumentalen Felsformationen und seine gigantischen Ausmaße und Entfernungen. Wir erreichen es gegen 20:00 Uhr, mittlerweile regnet es unaufhörlich, und es bläst ein eisiger Wind. Wir finden einen schönen Stellplatz im Bereich der Zufahrtsstraße. Da es auch am nächsten Tag immer wieder regnet und die Bewölkung nicht aufreißen will, beschließen wir, erst einmal etwas auszuspannen und uns von den vielen gefahrenen Kilometern zu erholen. Die Standheizung läuft, wir trinken Tee, lesen und hören Musik.

Am Folgetag scheint endlich wieder die Sonne von einem wolkenlosen Himmel. Wir machen uns auf, und nur wenige Zeit später gelangen wir ans "Wadi Rum Tourist Center", vor dessen Eingang einige Beduinen auf Touristen warten. Wir sind noch nicht einmal ausgestiegen, da sind wir auch schon umringt, sollen jeder fünf Euro Eintritt zahlen, und falls wir das Auto mit hinein nehmen möchten, würde das noch einmal 20 Euro kosten. Dieser Belagerungszustand vor der Fensterscheibe nervt. Meine Lust, das Wadi noch anzuschauen, tendiert mittlerweile fast gegen Null.
Wir besuchen zunächst einmal das Touri-Center, außerdem muss ich mal aufs Klo. Die entsprechende Örtlichkeit ist schnell ausgemacht, nur benutzen möchte ich diese nicht. Allerhand Hinterlassenschaften von vorherigen Besuchern kann ich hier finden, die Türen lassen sich nicht mehr verschließen, Toilettenpapier gibt's sowieso keines. Ich beschließe spontan, meinem

Bedürfnis später an einem schönen Ort in der Wüste nachzukommen.

Infomaterial oder Broschüren gibt es keine, die Auslagen der Souvenirgeschäfte sind millimeterhoch mit Staub bedeckt, während die Verkäufer lustlos hinter ihren Tresen kauern und mit Smartphones spielen oder telefonieren, ohne von uns Notiz zu nehmen. Wir löhnen die zehn Euro Eintritt, bekommen zwar kein Ticket, dürfen aber den Ländy mitnehmen, gegen die Zusicherung, nur bis zum gleichnamigen Örtchen Rum ungefähr drei Kilometer wadieinwärts zu fahren.

In Rum angekommen, parken wir tatsächlich ordentlich und ehrlich unseren kleinen Roten und unternehmen eine fünfstündige Wanderung durch die grandiose Felslandschaft, die uns den Groll über den Abzocke-Versuch am Eingang vergessen lässt. Die Entfernungen in dem Tal sind so enorm, dass man sich sehr schnell verschätzen kann und somit deutlich länger unterwegs ist als ursprünglich geplant. Daher freuen wir uns, als ein junger Beduine in seinem dreißigjährigen Toyota stoppt und uns anbietet, uns die letzten paar hundert Meter zurück zum Wagen mitzunehmen. Er hatte uns beim Hineinwandern ins Tal schon gesehen und sich gewundert, warum wir unseren Geländewagen im Ort stehen ließen … Uns wird klar, dass es gar keine Regeln betreffend der Fahrzeuge gibt und auch kein Ticket, und so fahren wir doch noch mit dem Ländy ins Wadi hinein und beziehen einen wunderschönen, einsamen Campplatz, den wir bei der Wanderung zuvor ausgekundschaftet hatten. Der Sand leuchtet tiefrot, die Felsen strahlen in verschiedenen Ockertönen und die dicken Grasbüschel werfen lange Schatten, als die Sonne glutrot am Horizont versinkt.

166

Insgesamt verbringen wir drei Tage an diesem bizarren Ort, schauen uns Felsmalereien an und trinken Tee mit einigen im Wadi lebenden Beduinen.

Beim Abschied von dem imposanten Tal drehen wir eine Abschlussrunde durch den kleinen Ort Rum, eine mittlerweile feste Siedlung aus Steinhäusern, welche von den ehemals umherziehenden Beduinen dieser Gegend bewohnt werden. Mit Unverständnis blicken wir auf Berge von Müll auf den Straßen, auf Autowracks und Autoteile von alten Toyota PickUps, nach denen sich mancher Liebhaber in Europa die Finger lecken würde. Nahe bei der Ortschaft liegen Ziegenkadaver in der Wüste, auch Müll und Bauschutt wird hier scheinbar öfters entsorgt. Alles ist dreckig und heruntergekommen. Auf klaffende, tiefe Risse in der Straße wird zur Warnung immerhin ein Felsbrocken gelegt. Warum füllt niemand diese Löcher mit Wüstensand und Steinen? Warum trägt niemand den Müll in die bereit stehenden Mülleimer? Warum macht sich niemand die Mühe, die Ziegenkadaver in dem feinen Sand zu vergraben? Rum, du bist ein erbärmliches Kaff … Ist das Beobachtete die Folge oder zumindest ein "Entwicklungsschritt" vom Nomadenleben zur Sesshaftigkeit?

Unsere Weiterreise führt uns etwas nördlicher, wir steuern Petra an. Petra ist keine frühere Bekannte, sondern eine verlassene Stadt – und ein absolutes Muss für Jordanienbesucher. Die weitläufige Stadt wurde vor über 2.500 Jahren von den Nabatäern direkt in den weichen Sandstein gehauen, alle Gebäude sind also quasi in das Gestein eingearbeitet. Die Häuser und Grabstätten sind reichhaltig verziert und prachtvoll gestaltet. Petra diente dem als Halbnomaden lebenden, wohlhabenden Volk als Hauptstadt, von hier aus kontrollierte es den Karawanenhandel zwischen Mittelmeer und Orient.

Zu erreichen ist der Ort nur durch eine teilweise gerade einmal zwei Meter breite Schlucht, so dass er nach seinem Fall durch die Ausbreitung des römischen Reiches für viele Jahrhunderte in Vergessenheit geriet.

Wir sind darauf gespannt, und als wir dort eintreffen, bezeugen zahlreiche Reisebusse und ein riesiger Touri-Center-Komplex gleich vor dem Eingang zur Schlucht die Besonderheit dieser historischen Stätte.

Ich schaue mich etwas im Besucherzentrum um, während Anja sich an der langen Schlange anstellt, um uns Eintrittskarten zu besorgen.

Fassungslos kommt sie nach einer Weile auf mich zu: "50 Euro!"

"Whow, 25 pro Nase ist ´ne Menge Asche, um ein paar alte Steine anzuschauen", antworte ich.

"50 Euro pro Person!" stellt sie richtig.

Jetzt bin auch ich fassungslos. Wir brauchen uns nicht großartig abzustimmen, um uns einig zu sein, dass wir unsere Reisekasse nicht mit diesem horrenden Eintrittsgeld belasten wollen. Als wir hören, dass Jordanier nur ein Fünftel dieses Preises bezahlen müssen, fühlen wir uns schon wieder abgezockt. Wir haben im gesamten Verlauf unserer Reise viele alte Tempel, Festungen und sonstige Ruinen angeschaut, meist gegen ein geringes Eintrittsgeld oder gar völlig kostenlos. Und natürlich kostet eine Reise Geld, nichts ist umsonst. Wir haben dafür gespart und sind absolut bereit, es auf der Reise auch auszugeben. Uns stört vielmehr dieses bisher nicht erlebte Touristen-Ausbeute-Verständnis, das die Jordanier offensichtlich von ihren Besuchern haben. Auch an anderen Sehenswürdigkeiten sehen wir Eintrittspreisschilder wie: "Jordanier 1 €, Araber 3 €, Fremde 5 €". In Deutschland würde eine solche Preispolitik als rassistisch gelten und sicher für Schlagzeilen sorgen. Stets drehen wir wieder um, wenn wir so empfangen werden und widmen uns den übrigen Sehenswürdigkeiten.

Wie beispielsweise "Little Petra". Der Name klingt fast schon ein wenig albern, der Ort ist aber in der Tat eine Art Vorposten des größeren Pendants und spiegelt ebenso imposant, aber halt nur an wenigeren Objekten die Baukunst und Architektur der damaligen Zeit wider.

Aiman, ein junger Beduine, will uns durch "Little Petra" führen und uns die Geschichte dieses Fleckchens Erde etwas näher bringen. Vorher muss er aber noch seine Tiere versorgen, die etwas entfernt untergebracht sind. Kurzerhand biete ich ihm an, die paar Kilometer schnell im Ländy zurückzulegen. Da unser Auto nur zwei Sitzplätze hat, wartet Anja solange bei seinen Großeltern, die hier leben und gleich neben der Zufahrt zu der historischen Stätte ihr großes Beduinenzelt aufgeschlagen haben.

Aiman und ich versorgen gemeinsam ein einen Tag altes Eselsfohlen. Die riesigen Ohren des flauschigen Kerlchens müssen hochgebunden werden, damit es keine Schlappohren bekommt, die sich dann leicht entzünden könnten. Außerdem werden bei den Fohlen bis zu einem bestimmten Alter zur Stabilisierung die Kniegelenke bandagiert. Aiman und ich sind uns sympathisch, und ich schätze seine angenehm zurückhaltende, aber hilfsbereite Art. Nach getaner Arbeit stoßen wir zu Anja und Aiman´s

Familienangehörigen. In dem staubigen Zelt sitzen oder liegen mehrere seiner Familienmitglieder gemütlich im dämmrigen Licht um ein kleines Lagerfeuer herum, auf dem dampfend eine vom Ruß geschwärzte Teekanne ruht.

Wir gesellen uns dazu und lernen ein wenig über die Lebensweise und Mentalität dieses stolzen nomadischen Volkes. Waren sie einst Ziegen-, Schafs- oder Kamelhirten, die mit ihren Tieren umherzogen, um die besten Weidegründen zu finden, so wird heute eigentlich von allen Regierungen der Länder, in denen wir auf Beduinen trafen, versucht, sie in kleinen Dörfern in festen Behausungen anzusiedeln. Dazu kommt, dass der moderne Lebenswandel der westlichen Welt durch Internet und Fernsehen auch hier bekannt ist und Bedürfnisse weckt, die die Beduinen vorher nicht kannten.

Aiman´s Eltern leben bereits in einer solchen Siedlung. Ihr kleines Steinhaus hat abgesehen von fließendem Wasser, Strom und einem Fernseher nicht mehr zu bieten als das alte Zelt der Großeltern. Die Wände sind kahl und unverputzt, es gibt keine Bilder an den Wänden oder sonstige Dekoration. Im Wohnzimmer steht neben einem Holz- und Kohleofen nur ein kleiner Schrank, auf dem der große Fernseher thront. Der Boden aller Räume ist von Teppichen bedeckt, in den beiden Schlafräumen sehen wir außerdem noch wenige Decken und Kissen.

Die rudimentäre Ausstattung sowohl der Wohnung als auch der Zelte lässt den anscheinend geringen Anspruch der Beduinen erahnen. Sie sind glücklich, wenn sie heute genug Geld haben und sorgen sich vielleicht nicht um morgen. Ihr Motto lautet: "Today is today, tomorrow is another day!" Diese beneidenswerte Sorglosigkeit und Zufriedenheit verhindert andererseits

Fortschritt und rasche Entwicklung, die von den Menschen aber wiederum durchaus erwünscht sind.

Noch immer gedankenverloren ins flackernde Feuer starrend, geht mir derweil unser deutscher, hierzu fast schon an Verrücktheit grenzende Absicherungswahn durch den Kopf. Begriffe wie "Altersarmut" wegen versäumter privater Altersvorsorge oder "Berufsunfähigkeitsversicherung" und "Spezialversicherung" wandern durch mein Hirn; an diesem Ort empfinde ich die Begrifflichkeiten als beinahe grotesk. Einerseits finden wir dieses locker-leichte Leben der Beduinen, so vollkommen frei, selbstbestimmt und ohne Netz und doppelten Boden äußerst verlockend. Es wirkt so pur und echt. Andererseits vermissen wir durch diese Schicksalsergebenheit auch jede Herausforderung. Wofür steht man morgens auf, wenn es nichts gibt, wofür man kämpft und was man irgendwann mal erreichen will?

Aiman möchte uns in die Kochkünste der Herren der Wüste einweihen. Gemeinsam fahren wir in ein kleines Geschäft zum Einkaufen, um abends zusammen in der Wildnis zu campieren und auf dem Lagerfeuer zu kochen. Als der Ladenbesitzer bemerkt, dass Aiman uns Touris im Schlepptau hat, entbrennt zwischen den beiden ein heftiger Streit und wir ziehen unverrichteter Dinge weiter. Der Besitzer hatte von Aiman den doppelten Preis verlangt, da er ja offensichtlich für uns reiche Touristen einkauft ...

Zu dritt vorne in den Ländy gepfercht, führt Aiman uns über eine buckelige Schotterpiste hinauf auf einen hohen Berg, von dem aus wir bis nach Israel hinüber schauen können.

Wir finden einen tollen Campplatz unter einigen alten, meist abgestorbenen Bäumen, umgeben von einem großartigen Bergpanorama. Aiman schnappt sich unsere mitgeführte Axt und geht auf Feuerholzjagd. Es ist immer wieder erstaunlich, dass wir auch in der kargsten Wüste stets genügend Brennholz finden.

Bald lodert ein gemütliches Feuer, auf dem sein angepriesenes "Chicken Minsaf" köchelt. Das ist Hühnchen mit etwas Gemüse und Gewürzen in Ziegenjoghurt gekocht, das wir anschließend mit Reis und Brot verspeisen. Sehr lecker. Aiman isst alles zusammen beduinentypisch mit den Fingern, sie benutzen nie Besteck. Auch Anja versucht sich im Fingerfood, nur ich benutze spießig einen Löffel, brauche aber dafür nach dem Essen auch nicht duschen zu gehen. Auf meine Frage, warum sie denn kein Besteck benutzen, wäre doch prima, wenn die Finger sauber blieben, entgegnet Aiman, dass es so viel gesünder wäre, als mit Edelstahl im Essen und im Mund herum zu rühren.

Als schließlich die Dunkelheit hereinbricht, heben sich in der Ferne die Lichter der israelischen Städte vom Grau und Beige der weiten Wüste ab. Stumm betrachten wir das vor uns liegende, weit ausladende Tal, als Aiman plötzlich meint: "You are like Beduins. Beduins on wheels!" Er deutet auf unseren Ländy mit dem fertig aufgebauten Dachzelt. Ich blicke hinüber und schmunzle über die tatsächlich vorhandenen Parallelen. Auch wir ziehen nomadisierend umher, schlafen im Zelt und besitzen nur einen spärlichen Hausstand. Nur bin ich froh, dass wir keine Ziegenherde vor unserem Gefährt her treiben müssen, sonst wären wir nämlich noch langsamer ...

Am nächsten Morgen dürfen wir uns im Esel reiten üben. Wir haben großen Spaß an dem hier weit verbreiteten Fortbewegungsmittel und überlegen schon, wo wir zuhause einen solchen Pferdevetter unterbringen könnten.

172

Unser Gasvorrat neigt sich langsam dem Ende zu. "No Problem", meint Aiman. Doch, es ist ein Problem, denn die nervige Verschiedenheit der Gasadapter, die wir schon aus Europa kennen, gibt es auch auf der arabischen Halbinsel. Unsere Flasche stammte aus den VAE, und hier im Ort sieht sich niemand in der Lage, unsere Flasche zu füllen – mangels Adapter. Aiman fährt mit uns die unterschiedlichsten Adressen an und fragt sich durch. Nichts zu machen, unsere Flasche bleibt leer.

"Wait", meint er und kehrt kurz darauf mit einer zwar leeren, aber jordanischen Flasche zurück. Es ist seine eigene, die er irgendwann mal benutzen wollte, wenn er auf Wanderschaft ist und kein Feuerholz findet. Wir könnten sie haben, schließlich bräuchten wir sie im Moment ja nötiger als er … Verglichen mit dem wenigen Besitz, über den die Beduinen verfügen, ist das in unseren Augen ein sehr kostbares Geschenk, das wir nicht annehmen möchten, obwohl es wirklich so aussieht, als würde es Aiman überhaupt nichts ausmachen, sich von der Flasche zu trennen.

Nach vier aufregenden Tagen in "Little Petra" verabschieden wir uns ein wenig traurig von unserem neuen Freund und versprechen, in Kontakt zu bleiben. Als Abschiedsgeschenk überreichen wir Aiman unsere Axt. Wir sind sicher, dass sie im Arbeitsalltag der Beduinen mehr Verwendung findet als auf unserer weiteren Reise.

Auf dem Weg zum Toten Meer verbringen wir nun wieder allein eine Nacht in der Wüste, bevor wir uns entlang der Strecke einige alte Festungsanlagen anschauen.

Das Tote Meer selbst ist schon eine sehr skurrile Erfahrung: Der Salzgehalt des Gewässers ist so enorm hoch, dass, abgesehen von ganz wenigen Muschelarten, nichts in ihm überleben kann. Gleichzeitig führt der hohe Salzgehalt dazu, dass man seine Luftmatratze getrost zuhause lassen kann. Man legt sich einfach ins Wasser, gibt acht, dass weder Mund noch Augen mit der Lake in Berührung kommen und treibt vollkommen regungslos und ohne jede Anstrengung auf der Oberfläche. Abgefahren unnormal! Unmöglich ist jedoch, schwimmbadtypisch in Bauchlage zu schwimmen, da es nicht gelingt, die Beine und den Hintern vollständig unter Wasser zu drücken.

Nachdem wir eine Weile das ungewöhnliche Vergnügen genossen haben, bereitet es allerhand Mühe, die Salzlake rückstandslos mit Frischwasser von der Haut zu waschen.

Einen Badeplatz zu finden, war im Vorfeld übrigens ebenfalls nicht einfach: Entweder war ein Strandabschnitt als militärisches Sperrgebiet durch Zäune abgeschirmt oder durch Hotelanlagen. An einer Stelle gab es ein Strandbad, der Eintritt sollte für "Fremde" 20 Euro kosten, für Jordanier wären es zehn Euro gewesen …

Dank Allradantrieb gelingt uns der Vorstoß in den Mündungsbereich eines einsamen Wadis. Hier ist es so schön und ruhig, dass wir dort gleich eine Nacht verbringen.

Bei herrlichem Wetter fahren wir gemächlich das Tote Meer entlang Richtung Norden. Am nördlichsten Zipfel mündet der Jordan in das salzige Gewässer des Toten Meeres und bildet gleichzeitig die Grenze zum benachbarten Israel.

Hier unten am Fluss ist Jordanien wunderbar grün. Palmenhaine, Bananen- und Gemüseplantagen werden bewirtschaftet, entlang der Straße kann man die verschiedensten Erzeugnisse kaufen.

Zuvor war uns Jordanien wie ein trockenes und recht ödes Land erschienen. Die wenige klein strukturierte Landwirtschaft versucht auf winzigen, meist abschüssigen bis steilen Feldern dem steinigen Boden etwas abzugewinnen.

Die arabischen Städte und Menschen unterscheiden sich spürbar von den bisher erlebten im Oman oder auch den VAE. Waren die Araber dort immer in ihren landestypischen Dress mit Turban oder Kopftuch gehüllt und begegneten uns respektvoll und stets freundlich, so ist hier kein einheitlicher Kleidungsstil zu beobachten. Die Erwachsenen sind zwar ebenfalls freundlich, jedoch wird ihr Blick oft durch Argwohn getrübt. Frauen sind etwas öfter im Straßengeschehen zu sehen und ihre Kleidung entspricht trotz Kopftuch häufig nicht dem gewohnt strengen Dresscode; provokante Kombinationen aus Kopftuch mit Highheels und hautenger Kleidung sind keine Seltenheit. Kinder sind dagegen entweder sehr interessiert und sammeln sich in einem Pulk um unser Auto herum, um manchmal darauf herumzuklettern, oder sie reagieren regelrecht feindselig, schreien uns im Vorüberfahren an, sogar mit Steinen und Schuhen werden wir zweimal beworfen. Zum Glück lag die Trefferquote bei null Prozent.

Die Städte sind chaotisch und dreckig. Orte im Oman sind großzügig und mit viel Platz angelegt, erscheinen meist sauber, beschaulich und aufgeräumt. Hier hingegen sind immer viele Menschen auf den Straßen, dichter Verkehr verstopft hupend die Straßen, überfüllte oder umgestürzte Mülltonnen, heruntergekommene Häuser, Müll, Unrat und vor allem umher wehende Plastiktüten gibt es überall. Offenbar stört sich daran aber niemand. Vor den vielen Fleischereien in den Städten verkünden bluttriefende Ziegen- oder Kuhköpfe die frische Schlachtung, für europäische Augen ein ungewöhnlicher Anblick – hier ein Zeichen der gerade erst erfolgten Schlachtung.

So richtig wohl fühlen wir uns nicht in diesem Land. Besonders Anja spürt eine deutliche Veränderung von der respektvoll-zurückhaltenden Art der muslimischen Männer in den anderen Ländern hin zu einer eher aufreizenden bis anzüglichen Verhaltensweise der Männer in den Städten Jordaniens. Stets habe ich ein Auge auf sie und weiche nicht von ihrer Seite.

Wir wollen unsere Weiterreise zum Nachbarn Israel etwas forcieren. Wir besuchen den Berg Nebo, jene Erhebung, von der aus Mose das verheißene Land sah, in das er die Israeliten der Bibel nach führte. Tatsächlich, von der Plattform aus können wir viele der großen israelischen Städte sehen, man hat einen weiten und grandiosen Ausblick.

Busse voller Pilger kommen an diesen Ort. Einzeln oder in Gruppen stehen sie zusammen und beten in den verschiedensten Sprachen. In einem kleinen Museum sowie einer Basilika kann man eindrucksvolle Ausgrabungen und viele hundert Jahre alte Mosaiken bestaunen. Schon in frühester Zeit wurden an diesem Pilgerort reich verzierte Kirchen errichtet. Daher ist diese Region ebenfalls berühmt für das Mosaikhandwerk, so bestaunen wir zahlreiche Kunst- und Möbelstücke in einem Handwerksbetrieb ganz in der Nähe. Vorwiegend Frauen verzieren ausschließlich in Handarbeit die unterschiedlichsten Alltagsgegenstände, die von Touristen gern als Souvenir gekauft werden. Der Betrieb wurde ursprünglich gegründet, um die Vielzahl der Mosaiken in den Kapellen zu rekonstruieren und nachzubilden. Er soll das alte Handwerk am Leben erhalten und den Bestand an

Wissen um diese besonderen alten und neuen Techniken schützen.

Schon für morgen haben wir uns vorgenommen, die Seite des Jordans zu wechseln und nach Israel einzureisen. Wir sind sehr gespannt, hatten wir doch oft davon gehört, dass die Einreise in dieses krisengeschüttelte Land sehr zeitintensiv sein kann und bei unseren vielen arabisch-muslimischen Stempeln im Pass möglicherweise auch kompliziert wird.

Vorher wollen wir aber noch am Nordzipfel des Königreiches Oum Quais besuchen. Diese historische, verfallene Stadt noch aus Zeiten vor den Römern liegt oberhalb vom See Genezareth und hat beachtliche Ausmaße.

Entlang der Zufahrtsstraße, die dem Jordantal etwas oberhalb des Flusses folgt, gibt es alle paar Kilometer einen Militärcheckpoint. Mit etwas Geduld passieren wir sie nach einer kurzen Kontrolle ohne Probleme. Schon oft vorher sind wir an Polizei- oder Militärstraßensperren vorüber gekommen. Dort schien jedoch, im Gegensatz zu heute, immer die oberste Order gewesen zu sein, Touristen durchzuwinken – nie wurden wir gestoppt.

Als wir in einem Kreisverkehr wenden wollen, um in die Richtung auszufahren, aus der wir gekommen waren, gibt es plötzlich einen Knall und ich spüre einen Ruck im Fahrzeug. Der Fahrer hinter uns ist uns in seiner hier sehr verbreiteten drängelnden, ungeduldigen und unentspannten Fahrweise reingeknallt.

Wir halten auf der Stelle und steigen aus. Unser Schubser steht schon neben seinen Wagen und betrachtet laut schimpfend seinen zerbeulten und zerkratzten Kotflügel. Ich mache ihm klar, dass er wohl gepennt hat und deute auf die noch immer aktive Blinkleuchte am Ländy.

Während ich mich umdrehe, um nachzusehen, ob unser Wagen was abbekommen hat, steigt er ein und braust davon, ohne noch ein Wort zu verlieren.

Zum Glück ist unser Roter schön hoch. Somit hatte der Kerl nur den Reifen erwischt, und wie durch ein Wunder haben wir keinen Schaden, nicht einmal einen Kratzer, nur einige Abriebspuren auf dem Gummi des Hinterreifens. Insgeheim sind wir nicht böse darüber, dass wir nicht die Polizei rufen müssen, möglicherweise hätten die als korrupt verschrienen Beamten eine Verkehrsregel erfunden, um ihren Landsmann zu schützen, obwohl wir keine Schuld hatten. Entnervt sehen wir zu, dass wir zum wenige Kilometer entfernten Grenzposten kommen.

Trotz des Wochenendes sind nur wenige Autos unterwegs. Vor uns wird der Ländy abgefertigt. Wie gewöhnlich ist auch hier eine Gebühr fällig. Der freundliche Beamte sucht ein bisschen in unseren Kisten herum, bevor er uns weiter zur Passkontrolle durchlässt. Hier sollen wir nochmals 45 Euro bezahlen. Als ich wissen will, wofür denn diese Gebühr fällig sei, antwortet der Beamte: "Tax!", als wäre meine Frage die dümmste, die heute im Universum gestellt worden ist. Zwar erhalten wir einen Beleg, allerdings bleibt uns vollkommen schleierhaft, was das für eine Steuer gewesen sein soll.

Vor allem aber ich bin regelrecht froh, als sich der Schlagbaum hinter uns senkt und wir dieses Land verlassen. Am 28.02. vermerken wir in unser Reisetagebuch: "Tschüss Jordanien – Touriabzockeland!"

Wir gehen oder vielmehr fahren sprichwörtlich über den Jordan. Auf der anderen Seite erwartet uns ein ganz anderes Szenario. Wir werden von jungen, selbstbewussten Israelinnen in schwarzen, teilweise zu engen Jeans und Poloshirts begrüßt. Die Mitarbeiterinnen der Zollbehörde tragen fast alle äußerst coole Sonnenbrillen. Sie überreichen uns eine Art Laufzettel und erklären uns knapp die verschiedenen Stationen, die wir ansteuern müssen, um Stempeleinträge zu sammeln. An der Ecke steht ein Wachmann, ebenfalls mit lässiger Sonnenbrille und in Alltagskleidung und beobachtet eher gelangweilt, dafür aber mit einem Sturmgewehr in der Hand, Kaugummi kauend das Treiben.

Während wir allerhand Fragen beantworten, die sich um die Mitführung von Waffen und Geschenken Fremder, die wir vielleicht überbringen sollen, drehen, wird die Unterseite des Ländys mit Spiegeln nach Sprengstoff abgesucht.

Nächste Station: Emigration. Hier werden unsere Pässe und die Fahrzeugpapiere überprüft und wie erwartet eine Menge Fragen zu unseren Aufenthalten bei den islamischen Nachbarn, insbesondere in Iran, gestellt. Dabei bemerken die beiden Zollbeamten, dass sowohl Anja´s als auch mein Name "ganz sicher" jüdischer Herkunft sind. Dieser Seitenhieb wird uns im Laufe der Einreise noch einige Male begegnen und ist wohl als eine Art Werbekampagne für Israel zu verstehen, das sehr darum bemüht ist, zu wachsen und seine umstrittene Stellung hier zwischen den arabischen Staaten durch eine Vergrößerung der Bevölkerung zu stärken. Da wir uns in Deutschland aber ganz wohl fühlen und auch nicht vorhaben, die Religionszugehörigkeit zu wechseln, lehnen wir dankend ab und widmen uns lieber wieder der Fahrzeugüberprüfung. Und die ist tatsächlich die am besten organisierte und gründlichste, die wir auf der Reise erleben. Das gesamte (!) Auto müssen wir vollständig ausräumen. Bei einem PKW mit zwei Reisekoffern im Kofferraum eine leichte

Übung, bei einem Hausstand auf Rädern mit einer langen Liste an losen Ausrüstungsgegenständen, Besteck, Küchenutensilien, Kisten und so weiter aber eine Herausforderung, die auch den Beamten hier so einiges abverlangt. Wir nehmen alle verfügbaren Kunststoffboxen des Zolls in Beschlag und verfrachten sie zusammen mit unseren auf einige Trolleys. Danach werden alle diese Dinge, Kisten, Kanister und Taschen wie auf einem Flughafen geröntgt und zum Teil zusätzlich noch handdurchsucht. Indes wird der Ländy in einer Werkstatt auf eine Hebebühne gefahren. Hier wird von allen Seiten in alle auffindbaren Hohlräume geleuchtet, sogar die Reifen werden demontiert. Das Dachzelt wird aufgeklappt, die Matratze genau untersucht. Zwischendurch müssen wir immer wieder noch einmal an einem kurzen Interview zum Thema Iran teilnehmen.

Obwohl die insgesamt fünfstündige Prozedur eher lästig ist, sind die Beamten, die hier ihrer Arbeit nachgehen, sehr freundlich und sprechen sehr gut englisch. Die gesamte Anlage ist modern und sauber. Erst als ein übereifriger Beamter auf unsere Gemüsebox aufmerksam wird und deren Inhalt kurzerhand konfisziert, bekommt die Aktion hier einen faden Beigeschmack. Frische Lebensmittel dürfen nicht eingeführt werden. Auch der Hinweis, dass wir die Sachen erst gestern auf der anderen Seite des Jordans, also vielleicht zehn Kilometer entfernt, gekauft haben, schmälert seine Angst vor Bioinvasoren nicht. Wir lassen ihn in dem Glauben, dass gefährliche Bakterien und Insekten ohne die Unterstützung durch Touristen ganz sicher vor der israelischen Staatsgrenze halt machen und freuen uns darüber, dass wir zumindest unsere Bananen retten können.

Es ist stockfinster, als wir nach 19:00 Uhr das Grenzgelände verlassen und uns auf die Suche nach einem Stellplatz begeben. Nach zehn, höchstens 15 Kilometern werden wir von einer Polizeistreife gestoppt. Der älteste Polizist, dem ich jemals in meinem Leben begegnet bin, verlangt freundlich nach Pass und Co. Er zeigt sich von unserem Auto begeistert und wünscht uns kurze Zeit später eine gute Fahrt. Langsam manifestiert sich der Eindruck, dass die Israelis vielleicht etwas sehr empfindlich auf Fremde reagieren.

Der See Genezareth ist nicht weit, und so bildet dieses Binnenmeer, auf dem einst Jesus übers Wasser gewandelt sein soll, unser erstes Ziel.

Auf dem Weg dorthin halten wir an einer Tankstelle. Die Sonne strahlt vom blauen Himmel und die gesamte Stimmung erinnert an einen üblichen Sonntagmorgen im Sommer in der Heimat. Junge Paare fahren spazieren oder suchen sich einen netten Picknickplatz am See.

Bevor wir uns ebenfalls einen solchen suchen können, habe ich Dringlicheres vor und steuere schnurgerade auf das WC der besagten Tankstelle zu. Gleich beim Betreten des Gebäudes wird klar: Wir sind nicht mehr unter Muslimen. Hier gibt es allerhand verschiedene Wein- und Biersorten einfach so zu kaufen, genauso wie uns durchaus bekannte Leckereien für zwischendurch. Dazu läuft entspannte, westliche Einkaufsmusik und ein Kassierer in einer bodenlangen, schwarzen Schürze, der zwischen Kasse und Hightech-Espressomaschine waltet, ist bereit, seinen Kunden jeden Wunsch zu erfüllen.

Ich erreiche die Toilette und öffne die Türe: Es ist wie die Reise in eine andere Welt! Ich freue mich über das, was ich vorfinde, meinem mittlerweile routiniert prüfenden Blick entgeht nichts.

Angefangen damit, dass es überhaupt eine Türe gibt, die man öffnen kann, bemerke ich freudig, dass diese auch mit einem Schloss versehen ist, das sogar funktioniert. Ich schätze, dass 80 Prozent der von mir in arabischen Ländern besuchten Toiletten, die eine Tür hatten, nicht abschließbar waren. Auch das Licht auf dem stillen Örtchen geht, ebenfalls keine Selbstverständlichkeit. Dann fällt mir natürlich sofort das Klo im europäischen Stil auf. Ab Iran und teilweise auch schon in der Türkei hatten wir uns daran gewöhnt, im Hocken auf ein im Boden befindliches Loch "Zielschießen" zu veranstalten. Auch wenn man selber ziemlich treffsicher war, gab es leider immer wieder Leute, die trotz jahrelanger Übung in dieser Disziplin weniger ins Schwarze, sondern vielmehr drum herum trafen. Hinzu kam, dass das restliche Erscheinungsbild in vielen Fällen wirklich übel aussah, zum Teil so ekelhaft, dass wir gerne einhielten, um uns – egal wann – später in die freie Natur zurückzuziehen. Hier auf dieser israelischen Toilette ist alles blitzblank sauber, strahlend weiß blinkt mich das Porzellan an, auf dem ich erleichtert Platz nehme. Hat man dann sein Geschäft entspannt erledigt, gibt es ein weiteres drastisches Unterscheidungsmerkmal zu den Klos in muslimischen Ländern: Dort fanden wir so gut wie nie Toilettenpapier vor, was ebenfalls als denkbar unangenehme Überraschung für Ungeübte enden kann. Muslime finden es unreinlich, sich "nur" mit Papier den Hintern abzuwischen. Deshalb gibt es auf ihren Toiletten kleine Brauseköpfe – oder auch Gießkännchen. Während sie dann dort hocken, spülen sie sich ähnlich wie auf einem Bidet das Hinterteil. Wie genau dies funktioniert, insbesondere in Kombination mit den bodenlangen Gewändern der Araber, ohne dabei vollständig nass zu werden, konnten wir nicht klären. Lediglich zuhören durften oder mussten wir einige Male. Ich finde es jedenfalls deutlich hygienischer, mich mit einem neuen, weißen Stück Toilettenpapier zu säubern als mit einem Brausekopf, den vor mir schon etliche Personen bedenklich nahe an wirklich intime Bereiche herangeführt haben, um dort reine zu machen. Ich freue mich, unserer heimischen Kultur in diesem Punkt wieder ein Stück näher gekommen zu sein.

Wir machen uns wieder auf den Weg und wenig später kommt der See Genezareth in Sicht. Als langjähriger Messdiener a.D. kenne ich natürlich jene Stelle der Bibel, wo Jesus zu seinen Jüngern, die in einem Fischerboot saßen, übers Wasser hinüber wandelte. Schon damals als Kind von dieser Magie fasziniert, will ich es heute selber ausprobieren. Nur pro forma ziehe ich mir eine Badehose an. Das Wasser trägt mich – nicht ... Ich gehe unter, und so bleibt es nur bei einer kühlen Erfrischung in diesem geschichtsträchtigen Gewässer.

Die gesamte Region um diesen See ist voll von Plätzen, an denen Jesus gewesen sein soll. Wir treffen auf dutzende Wegweiser, die auf religiöse, christliche Stätten hinweisen, und dort finden wir die dazugehörigen Pilger.

Auf der Suche nach einem schönen, letzten Campplatz am See fällt uns ein recht steil ansteigender Hügel ins Auge. Direkt am Seeufer gelegen, bietet sein Gipfel einen beeindruckenden Ausblick über den See, bis hinüber nach Jordanien und selbst bis nach Syrien kann man sehen.

Langsam und mühselig erklimmt der Ländy die Flanke. Oben angekommen, schlagen wir inmitten grüner Äcker unter einem mächtigen Olivenstrauch das Nachtlager auf.

Am nächsten Morgen kommen wir mit einer Gruppe deutscher Pilger ins Gespräch. Sie erklären uns, dass wir, ohne davon eine Ahnung zu haben, auf dem "Berg der Seligpreisungen" genächtigt hatten. An dieser Stelle hatte Jesus vor circa 5.000 Menschen eine seiner berühmtesten Predigten gehalten. Gleich von hier oben können wir auch Tagba sehen, jene Stätte, an der Jesus nach der Predigt mit fünf Broten und zwei Fischen all seine Zuhörer satt gemacht haben soll – es blieb sogar noch etwas übrig! Wir besuchen das Kloster und begeben uns anschließend auf die Suche nach einem weiteren historischen Schauplatz: Wir erinnern uns, dass sich Jesus von Johannes dem Täufer im Jordan hat taufen lassen. Schon bei der Überfahrt von Jordanien aus hatten wir einen kurzen Blick auf den Fluss werfen können. Das trübe, zäh dahin fließende Gewässer misst in seiner Breite meist kaum mehr als drei Meter. Seine Ufer sind von Binsen und Gräsern gesäumt. Angeblich soll die Stelle, an der Jesus sich taufen ließ, genau bekannt sein.

Wir machen uns auf dem Weg. Die Zufahrt erinnert mehr an den Checkpoint vor einer Kaserne als an eine religiöse Stätte. Die einspurige Straße ist links und rechts von hohen Zäunen eingefasst, an denen in einem Abstand von 50 Metern Schilder vor Landminen warnen.

Natürlich gibt es ein kleines Touricenter, vor dem einige imposante Reisebusse parken.

Wir erreichen das Ufer, das mit Edelholzplateaus begehbar gemacht wurde. Über Stufen gelangt man hinunter ans Wasser. Vor uns hat sich eine vielleicht vierzigköpfige Gruppe Kanadier versammelt, die offensichtlich ihren eigenen Priester mitgebracht haben. Wir nehmen Platz und beobachten, wie einer nach dem anderen für einen kurzen Augenblick bis über den Kopf unter der Oberfläche verschwindet, während der Pfarrer einige Formeln murmelt. Einige Leute füllen sich etwas von der braunen Brühe in Wasserflaschen ab oder waschen ihre Gesichter und Füße darin.

Wir bestaunen eine Weile das Treiben, bevor wir beschließen, uns so langsam in Richtung Haifa aufzumachen. Unsere Karte ist mal wieder nicht sonderlich detailliert und so verwundert es nicht, dass wir uns kurze Zeit später im palästinensischen Bereich, den Westbanks, wiederfinden. Wir sind irritiert über große rote, mehrsprachige Schilder, die Israelis davor warnen, hier hinein zu fahren. Für sie bestehe Lebensgefahr und es sei gesetzlich verboten, verkünden die Warnungen. Kurios finden wir, dass auf einem Schild gleich daneben steht, dass es für Israelis verboten ist, ihr Auto in den Palästinensergebieten reparieren zu lassen. Wir ahnen, dass dies alles ein Politikum ist, die Lösung soll es später geben ... Abgesehen davon, dass wir nun eine Art Grenzposten passieren, ist auch sonst klar, dass wir wieder auf arabischkontrolliertem Gebiet sind. Zwar gibt's auch hier viele grüne Plantagen, allerdings ist alles nicht so ordentlich, geradlinig und aufgeräumt wie auf jüdischem Terrain. Wir erfahren keine Veränderung der Wahrnehmung der Passanten am Straßenrand. Wir werden ebenso freundlich gegrüßt wie in den anderen arabischen Ländern, und auch ein Stopp beim örtlichen Gemüsehändler lässt uns die gewohnte Gelassenheit und Wärme der Gastfreundschaft spüren.

Das hügelige Palästinenserland ist ziemlich karg und steinig, die schmale Landstraße erklimmt schroffe Berge. Allzu viele Straßen gibt es ohnehin nicht, dennoch sind die wenigen schlecht beschildert. Wir fahren immer weiter ins Land hinein und stehen plötzlich vor den Toren einer größeren Stadt: Tukarim.

Dichtes Verkehrstreiben, gemischt mit vielen Fußgängern, herrscht auf den Straßen der dreckig wirkenden Stadt. Man wirft uns neugierige, aber keine feindseligen Blicke zu. Dennoch wissen wir um den Jahrzehnte alten Konflikt der hier schwelt und der über die Jahre unendlich viele Menschenleben gekostet hat. Wir wollen nicht anhalten, können die Situation nicht richtig einschätzen, auch wenn wir uns als Europäer mit ausländischem Nummernschild nicht in Gefahr wähnen. Tukarim ist eine autonome Grenzstadt zum israelischen Gebiet, irgendwo muss es hier einen Grenzposten geben, über den wir wieder ins scheinbar sicherere Israel hinüber gelangen können.

Nach einer Weile des Suchens stehen wir tatsächlich vor einer unübersehbaren, drei oder vier Meter hohen und mit Stacheldraht bewehrten Maueranlage. Darin ist ein bewachtes, zweiflügeliges Tor eingelassen, bei dem nur der Flügel für den aus Israel herausfahrenden Verkehr geöffnet ist. Dass jemand ins Land hinein möchte, ist scheinbar nicht vorgesehen.

Direkt vor dem Tor halten wir und warten. Nach einigen Minuten hat uns einer der hinter Sandsäcken verschanzten israelischen Soldaten bemerkt und beobachtet uns einige Zeit, bevor er näher kommt.

Seine Ausrüstung lässt keinen Zweifel darüber, dass er jeden Moment bereit ist, loszumarschieren, um die gesamten Westbanks einzunehmen. Allen anderen Stücken voran trägt er ein massiges Maschinengewehr mit Raketenwerfer. Einen Helm hat er nicht auf, dafür aber ein jüdisches Gebetskäppchen, von dem

aus links und rechts zwei schwarze Haarlocken sein Gesicht um-
rahmen.

Barsch fragt er uns, was wir wollen. Wir erklären, dass wir rein
möchten, zurück nach Israel, und dass wir Touris seien, die sich
verfahren haben.

"You are tourists in Tukarim ...!?" Er kann nicht fassen, dass wir
uns freiwillig auf dieser Seite der Mauer befinden. Nachdem er
unsere Pässe kontrolliert hat, wirkt er entspannter, meint aber:
"This is a problem!". Nach einem kurzen Funkspruch erscheint
ein weiterer Soldat, ähnlich aufgerödelt, nur dass er statt des Ge-
betskäppchens ein Barett trägt.

 "What´s up, guys?" fragt er. Sein Akzent lässt keinen Zweifel
daran, dass er amerikanischer Abstammung, vielleicht sogar
amerikanischer Herkunft ist. Geht die Unterstützung der USA
soweit, dass sie sogar mit ihren Truppen das Heer der Israelis
stärken? Am liebsten hätte ich ihn gefragt, noch lieber wollen
wir aber einfach nur über diese Linie fahren. Wir erklären den
Sachverhalt erneut, er kontrolliert wieder unsere Pässe und meint
nur "Tukarim is not the safest place!"

Erst als wir beinahe schwören müssen, in Tukarim weder gestoppt noch mit jemanden geredet zu haben, entscheiden sie sich
für den "kleinen Dienstweg". Rasch öffnen sie den zweiten Flügel, gerade soweit, dass wir in unserem Ländy hindurch schlüp-
fen können, um ihn gleich hinter uns wieder zu verschließen.

Uns durchströmt ein erleichtertes Gefühl von "Glück gehabt!".
Auf einmal sind wir total verunsichert darüber, wo wir da gewesen sind und was vielleicht hätte passieren können.

Abends campieren wir in einem kleinen Kiefernwäldchen um
die 60 Kilometer vor Haifa. Bei einem gemütlichen Lagerfeuer

philosophieren wir über den heutigen Tag. Unterbrochen wird der eigentlich romantische Abend von Gewehrsalven, die in nicht allzu großer Ferne abgefeuert werden. Es scheint, als gäbe es hier in der Nähe einen Schießplatz.

Schon früh am folgenden Morgen werden wir von einem laut anschwellenden Dröhnen geweckt. Die Erde bebt, die Zeltbahnen zittern. Es klingt, als würde gleich neben dem Ländy ein Düsenjäger starten. Und fast ist dem auch so: Während des Frühstücks schickt das israelische Militär unentwegt vielleicht ein Dutzend Kampfjets von einer nahe gelegenen Kaserne in die Luft.

Insgesamt wirkt das ganze Szenario in diesem Land auf uns bedrohlich. Die Militärpräsenz ist unübersehbar: Düsenjäger patrouillieren am Himmel, am See Genezareth überwachten Kampfhubschrauber den Luftraum entlang der Grenze zu Syrien und Jordanien, in Tankstellen und Supermärkten begegnen wir Soldaten, die mit geschultertem Maschinengewehr durch die Regalreihen schlendern und einkaufen. Auch im Straßenverkehr sehen wir häufig olivgrüne Jeeps und PickUps, die ganz offensichtlich den israelischen Streitkräften angehören.

Wir fahren hinein nach Haifa und nehmen Kurs auf den Hafen der Stadt, der sehr gut ausgeschildert ist. Erneut fallen uns mehrere schwerbewaffnete Uniformierte auf, die wohl dafür verantwortlich sind, den Zugang zum Hafengelände zu sichern. An einem der Haupttore erklären wir dem Pförtner unser Vorhaben, von hier aus mit einer Fähre nach Griechenland überzusetzen, verbunden mit der Frage, wo wir dafür denn ein Ticket kaufen können. Zwar kann er uns das nicht sagen, allerdings ist er ausgesprochen hilfsbereit. Er telefoniert einige Male und präsentiert uns schließlich eine Adresse ganz in der Nähe, wo man uns helfen könne.

Tatsächlich lösen wir wenig später eine Fahrkarte für eine Fähre, die den Ländy und uns schon zwei Tage später nach Griechenland schippern soll. Wir haben noch etwas Zeit und verbringen den Nachmittag in Haifa. Alles ist sehr europäisch, es gibt Shopping Malls, Boutiquen, Kaufhäuser, ein Künstlerviertel und endlich wieder Straßencafés. Alles Dinge, die wir schon lange nicht mehr gesehen haben. Wir lernen die Israelis als ein zwar freundliches, aber recht kühles und zurückhaltendes Volk kennen. Auch angespannt, skeptisch und argwöhnisch sind Adjektive, mit denen wir sie beschreiben könnten. Vermutlich reichen die zwei bzw. drei Jahre Militärdienstpflicht für alle Frauen bzw. alle Männer absolut aus, um bei den jungen Israeliten – egal, wie objektiv und tolerant sie auch vorher gewesen sein mögen – ein standfestes Feindbild der bösen arabischen Welt zu installieren und zu implementieren, dass fast der gesamte Planet gegen ihn sei. Hat ein heranwachsendes Kind angesichts des enormen Sicherheitsapparates, der Allgegenwärtigkeit von Militär und Waffen und einem andauernden Alarmzustand seines Landes überhaupt eine Chance, sich anders zu entwickeln?

An einem Mittwochnachmittag steuern wir unser Gefährt aufs offene Autodeck besagter Fähre. Von hier aus können wir einen großen Teil der Hafenmole einsehen. Auf der anderen Seite des Kais liegen fünf Kriegsschiffe fest vertäut.

Die Zollformalitäten laufen flott und recht unbürokratisch ab. Neben uns beiden sind noch vier weitere Passagiere an Bord des Schiffes: eine junge Griechin, die wegen ihrer Flugangst die Schiffsverbindung nutzt, sowie ein älterer Deutscher. Mit Wim, dem belgischen LKW-Fahrer, haben wir bei einer Flasche Wein einen netten Abend. Am interessantesten ist aber die Begegnung mit einem 74-jährigen Deutsch-Palästinenser. Er klärt uns während der dreitägigen Passage und des ansonsten eher langweiligen Bordalltags über viele Hintergründe des Konflikts in seiner ehemaligen Heimat auf und gewährt einen Einblick in sein zerrissenes Leben. Er floh als junger Mensch von Palästina nach Jordanien, heiratete dort und baute ein Haus, ohne sich in diesem Land heimisch zu fühlen. Dann ging er aus wirtschaftlichen Gründen nach Deutschland, das er zwar sehr schätzt, wo er sich aber im Grunde ebenfalls nicht zugehörig fühlt. Heute pendelt er mit dem PKW zwischen diesen drei Staaten hin und her und besucht Freunde und Familie, ohne selbst eine richtige Heimat zu haben. Er erzählt, wie die Israeliten einfach Häuser abreißen, weil dafür keine Baugenehmigung vorliege, obwohl die Gebäude aus der Zeit vor der israelischen Staatsgründung stammen, als eine solche Genehmigung noch gar nicht notwendig war. Beantragen die palästinensischen Besitzer dann eine Baugenehmigung, um ihr Heim wieder aufbauen zu dürfen, wird diese immer abgelehnt. Er erzählt, wie die Israeliten durch Bohrungen jene Wasserader anzapften, die die Gemüseplantage seines Vaters zum Gedeihen brachte. Als alles vertrocknete und der Vater sich beschwerte, machte man ihm das Angebot, das Wasser vom israelischen Staat kaufen zu können. Auch der Versuch, eine Genehmigung einzuholen, um einen neuen Brunnen bohren zu können, wurde selbstverständlich abgelehnt. Der alte Mann erklärt uns, dass die häufigen roten Verbotsschilder die israelische Bevölkerung abschrecken sollen, in die palästinensischen Gebiete zu fahren, um eine Abwanderung des Kapitals und Kontaktbildungen zu verhindern. Viele Israelis würden gerne rüber fahren – dort ist nämlich alles viel günstiger, insbesondere Dienstleistungen wie die besagte Autoreparatur.

Unser kurzer Aufenthalt in diesem erst etwas über 60 Jahre alten Staat und die drei Tage auf dem Schiff haben unsere Auffassung über die Juden geradezu revolutioniert.

War ich einst der Meinung, dass diese Religionsgemeinschaft eine der am stärksten verfolgten und gebeutelten Gruppen der gesamten Menschheit ist, welcher im Laufe der Geschichte immer wieder Gewalt bis hin zur versuchten Vernichtung angetan wurde, so muss ich heute erkennen, dass dies nur die eine Seite der Medaille ist. Die andere Seite ist, dass die demokratisch gewählte Führung Israels trotz der Erfahrungen des eigenen Volkes offensichtlich nicht gelernt hat, dass Gewalt nie zu einer dauerhaften, friedlichen Lösung führen wird. Mit großer Brutalität und Härte tötet und vertreibt sie Menschen anderen Glaubens im eigenen Land, um ihre politischen Ziele durchzusetzen.

Der gesamte, von vielen Ländern nicht anerkannte Staat Israel konnte 1948 nur unter dem Protektorat Großbritanniens gegründet und verteidigt werden, ohne jede Rücksicht auf die dort lebenden Araber. In mehreren Kriegen beanspruchten und beanspruchen die Israelis nach wie vor das gesamte "heilige Land" für sich. Absolute Kompromisslosigkeit in der Streitfrage ist die Strategie, das Aushungernlassen der Palästinenser die Taktik. Trotz der heutigen militärischen Stärke ist der Fortbestand dieses Staates sicherlich nur durch den Schulterschluss mit westlichen Staaten, allen voran den mächtigen USA, möglich. Auch Deutschland liefert sicherlich immer noch als Schuldzugeständnis für die Schandtaten des Hitler-Regimes gegen die

Juden einen für mich bedenklich bedingungslosen Zuspruch, der nun, nach drei Generationen, völkerrechtlich vielleicht allmählich auf den Prüfstand gehört.

Ich bin noch in Gedanken versunken, als unser Schiff am 05.03. um die Mittagszeit in Lavrio festmacht. Dieser kleine Ort liegt östlich von Athen und verfügt nur über einen wirklich winzigen Hafen.

Dort ist nichts los, trotzdem dauert die Zollabfertigung fast zwei Stunden. Als wir endlich das Hafengelände verlassen und die ersten Straßen des Örtchens durchkurven, fühlt es sich fast an wie zuhause. Alles, die Menschen, deren Kleidung, der Straßenverkehr, die Häuser und Geschäfte, alles erinnert an die Heimat. Ohnehin sehnen wir uns allmählich nach unserem Zuhause. Spätestens seit Antritt des Transits durch Saudi Arabien sind wir in "Heimweg-Stimmung". Man schaut nur noch halbherzig hin, will lieber flott weiter. So ist es auch in Lavrio.

Anstatt uns erst einmal von der dreitägigen Überfahrt in diesem netten Städtchen zu erholen und etwas das griechische Flair zu genießen, fahren wir gleich weiter und peilen noch für den gleichen Tag die Landeshauptstadt an.

Vermutlich wird die Durchquerung Athens das letzte große Hindernis auf der Heimroute sein: zur Rush Hour und ohne GPS. Sie verläuft ganz wie erwartet nervenzehrend, dennoch erreichen wir noch am gleichen Abend einen ausgedehnten Kiefernwald ungefähr 100 Kilometer westlich der Metropole.

Endlich wieder ein richtiger Wald! Die Stille und die Gerüche des Kiefernharzes, vermischt mit dem Duft des feuchten, modrigen Waldbodens lässt die alte Leidenschaft für meinen ursprünglichen Forstwirt-Beruf erwachen. Seit der Einreise in Iran vor fast vier Monaten wurden die Landschaften um uns herum von karger Steppe oder richtiger Wüste dominiert. Anfänglich durchaus ein interessantes Umfeld, nicht zuletzt wegen der hervorragenden Off-Road-Möglichkeiten. Nach einer Weile aber schlug die fehlende Abwechslung zumindest mir als altem Holzfäller aufs Gemüt.

Das gute Wetter war uns fast auf der gesamten Reise treu geblieben. Das soll sich auch auf unserem letzten Reiseabschnitt entlang des adriatischen Teils des Mittelmeeres nicht ändern.

Wir fahren entspannt, aber zielgerichtet immer dem Meer folgend von Griechenland hinüber nach Albanien. Wie eine russische Provinz wirkt das gesamte Ambiente dieses Landes auf uns. Die Straßen sind schlecht, die Plattenbauten der größeren Städte schäbig, die Mädels präsentieren sich im "Russenschick" mit viel Kitsch, blond gefärbten Haaren und übertriebener Schminke. Die dazu passenden Kerle tragen Kapuzenpullis auf Lederjacken, ihr kahl geschorener Kopf und der grimmige Blick unterstreichen die Schläger-Erscheinung. Als Autos sind Mercedes sehr beliebt, egal welchen Baujahres. Interessant finden wir auch, dass es hier viele Plätze gibt, auf denen Autos ausgeschlachtet werden, also ähnlich wie auf einem Schrottplatz. Auch bedenklich neue Fahrzeuge sind dabei. Ob die alle legal da gestrandet sind?

Montenegro erscheint als Folgeland viel sauberer und geordneter. Schöne, kleine und gepflegte Straßen winden sich entlang der Küste durch die Berge. Während einer Kaffeepause erschallt unerwartet der Ruf des Muezzin – zum letzten Mal auf dieser Reise. Der wenige Verkehr auf den teils sehr engen Küstenstraßen ist sehr angenehm, oft sind wir ganz allein unterwegs. Wir meiden große Straßen oder gar Autobahnen, halten uns lieber möglichst dicht an der Küste. Ähnlich wie schon in Griechenland sind um diese Jahreszeit auch in Kroatien noch viele Touristenorte verschlafen und viele Restaurants und Bars geschlossen. Die menschenleere Küste mit den unzähligen vorgelagerten Inseln im glasklaren Blau des Mittelmeeres ist wunderschön. Anja wagt sogar eine kurze Schwimmrunde in dem noch sehr kalten Wasser. Voller Respekt beobachte ich das Spektakel lieber vom trockenen Ufer aus, all ihre Lockrufe bleiben erfolglos.

Das Land mit unserer kürzesten Aufenthaltsdauer wird Bosnien Herzegowina. Ein schmaler Zipfel dieses ehemaligen Teils von Jugoslawien reicht durch Kroatien hindurch bis unten ans Meer. Für exakt neun Kilometer und ungefähr 20 Minuten lang verweilen wir in diesem Land.

Wieder in Kroatien, heißt es Abschied nehmen vom Meer. Hier wenden wir uns landeinwärts und überqueren die Grenze nach Slowenien. Insbesondere diese beiden europäischen Länder gefallen uns sehr gut. Wir sind uns sicher, irgendwann noch einmal hierher zurückzukehren, um uns bei wärmeren Temperaturen etwas ausführlicher umzusehen.

Die Landschaft Sloweniens bildet eine Art Übergang zwischen der Küste und den Alpen und besticht durch ihre bewaldeten Berge. Allerdings ist man hier gerade dabei, die Folgen der enormen Schneemassen des letzten Winters zu beseitigen. Ein Großteil der Wälder sieht regelrecht gerupft aus. Das hohe Gewicht der weißen Pracht hat in vielen Gegenden zu abgeknickten Ästen und dem Verlust ganzer Kronen geführt. Überall sind fleißige Helfer damit beschäftigt, das Chaos aufzuräumen und das ver-

wertbare Holz aufzuarbeiten. Wir fahren hinein in die schnee-
bedeckten Alpen und reisen somit ein nach Österreich, dem ersten direkten Nachbarn zu unserem Heimatland Deutschland.
Auch die Sprache ist schon gleich. Vermutlich aus Freude darüber, endlich die Verkehrsbeschilderung und sogar die Werbung
wieder entziffern zu können, lesen wir uns entzückt gegenseitig
alles Mögliche vor, was uns am Straßenrand in den Blick kommt.
Alles ist so anders als noch vor wenigen Tagen. Die Mädels laufen mode- und selbstbewusst umher, in Einkaufsläden kann man
alles kaufen, was einem einfällt, die vollgestopften Regale quellen in einer unüberschaubaren Vielfalt über. Fette Slogans und
Markenzeichen prangen in den Schaufenstern und versuchen,
uns den Bedarf an Dingen einzureden, ohne die das Leben
scheinbar unmöglich ist.

Wie wenig man wirklich braucht und trotzdem glücklich sein
kann, haben uns die letzten Monate mehr als einmal bewiesen.
Der Überfluss, der Konsum-, Marken- und Image-Wahnsinn der
westlichen Welt ist ein wahres Kontrastprogramm zu unserem
nomadischen, spartanischen Lebenswandel der vergangenen
Monate. Vor drei Wochen noch hatten wir mehr Küchenutensilien in unserer Schublade als die Beduinenfamilie, die wir ken-
nenlernten, in ihrem Haus vorrätig hat. Wie schnell sich die
Seiten ändern können ...

Unsere Heimkehr hat sich rumgesprochen, genau wie die Informationen über die angepeilten Stationen bei Freunden und Familie entlang unseres Heimwegs.

Zu einer extra für uns organisierten Überraschungsparty in Heidelberg kommen wir leider wegen einer Vollsperrung der A5 zu
spät, schade!

Auf der gesamten Tour blieben wir glücklicherweise von jeglichen Krankheiten verschont. Und ausgerechnet hier, bei Freunden in Heidelberg, wird Anja in der Nacht von Montezuma´s Rache heimgesucht und verbringt, von Durchfall geplagt, fast zwei Tage auf dem Klo.

Am späten Samstagabend, den 20.03.2014, halten wir nach 34.117 Reisekilometern und exakt 225 Tagen fern der Heimat vor unserem Haus. Ich halte einen Moment inne, bevor ich den Zündschlüssel herumdrehe und der Motor des Ländys, unserem treuen Gefährten, verstummt. Wortlos schauen Anja und ich uns in die Augen und grinsen.

Wir sind zuhause.

Fast wie im Krieg: verminte Zufahrtsstraße zu einer Pilgerstätte.

Beduins on wheels: Eine der täglichen Aufgaben ist die Stellplatzsuche.

Wie Jesus selbst: Andrang von Täuflingen am Jordanufer.

Gemütlich ist anders: Ausharren bei windigem, nasskaltem Wetter in der Nähe des Wadi Rum.

Großartige Kulisse: Wadi Rum "at its best"!

Hauptsache Schatten: In der Wüste sind solche Büsche Luxus.

*Gruß von den Vorfahren: Felsgravuren zeugen von einer frühen Be-
siedelung des Wadi Rum.*

Ärmlich bis erbärmlich: Trotz vorhandener Infrastruktur herrschen chaotische Zustände im Ort Rum.

Zwei neue Freunde: Aiman versorgt sein erst einen Tag altes Eselsfohlen.

Alte Architektur: prachtvolle Felswohnungen der Nabatäer in "Little Petra".

Neue Erfahrung: Aiman rüstet für uns seinen Esel zum Ausritt.

Kein Problem für Nichtschwimmer: Durch den enormen Salzgehalt
des Toten Meeres ist der Körper nur mühsam unter Wasser zu bringen.
Ein verheißungsvoller wie geschichtsträchtiger Ausblick: Sicht auf
das nahe Israel vom Berg Nebo aus.

Epilog

Das Vorhaben, eine Reise zu machen, ist unabdingbar mit Fragen verbunden. Letztlich ist die Suche nach Antworten bei den meisten Menschen der Grund schlechthin, warum sie aufbrechen. Wie leben die Menschen in diesem oder jenen Kulturkreis? Wie fühlt sich die unberührte und unendliche Weite der Wildnis Kanadas an? Komme ich mit mir selber oder aber auch mit meinem Partner zurecht, solange fernab der Heimat und unter ganz ungewohnten Lebensbedingungen?

Die unterschiedlichen Fragen lassen sich hierbei regelrecht kategorisieren.

Die oben genannten passen in die Rubrik der neugierigen, teilweise philosophischen Fragen. Es gibt aber auch ganz pragmatische Themen, die sich spätestens zu Beginn der Reiseplanung in den Vordergrund drängen. Meist sind es auch genau diese Fragen, die sich während der Reise immer wieder stellen – oder gestellt werden.

Oft haben wir unterwegs andere deutschsprachige Touristen getroffen, und schon bald stellten wir fest, dass es immer die gleichen Fragen waren, die wir – zugegebenermaßen manchmal schon recht entnervt – beantworten mussten.

Nummer eins des Interesses galt natürlich – der Finanzierung.

"Und wie bezahlt man so was?"
Diese Frage ist bei aller Reise-Euphorie auf keinen Fall zu vernachlässigen. Allerdings wurde sie in dieser Form eigentlich ausschließlich von Touristen und nicht von Reisenden gestellt. Den

Unterschied definiere ich wie folgt: Ein Tourist ist ein Urlauber, der seinen wohlverdienten Jahresurlaub in erster Linie damit verbringt, sich an einem besonders schönen Ort und bei möglichst optimalem Wetter zu entspannen und sich dabei den ein oder anderen Luxus zu gönnen, quasi als Entschädigung für die Strapazen seines Arbeitsalltags. Für diese drei Wochen im Jahr ist er gerne bereit, 1.500 oder 2.000 Euro zu bezahlen.

Trifft der Tourist auf Reisende wie uns und erfährt, wie lange wir schon unterwegs sind, ist er natürlich geneigt, das ihm bekannten Budget für seine drei Wochen in Relation zu setzen zu unserem mehrmonatigen "Ausflug". So kommt er auf astronomische Beträge, die natürlich völlig unrealistisch sind.

Reisende haben meist eine andere Priorität: Sie möchten möglichst viel sehen und erleben und ihre Neugierde auf die Vielfalt unserer Welt stillen. Dazu brauchen sie Zeit, und zwar Zeit, in der sie nicht arbeiten müssen. Um also möglichst lange unterwegs sein zu können, ist der Reisende meist gerne bereit, auf gewisse Annehmlichkeiten des Alltags zu verzichten, damit das oft limitierte Budget lange hält.

Reist man als Overlander in einem Fahrzeug, findet man in den meisten typischen Reiseländern gut organisierte Campingplätze. Diese Einrichtungen bieten neben einer sicheren Übernachtungsmöglichkeit eben genau jene Annehmlichkeiten wie Dusche und Waschmaschine. Allerdings knabbern die Camping-Gebühren ganz beachtlich an der Reisekasse. Aus diesem Grund haben wir während der gesamten Reisedauer lediglich drei Nächte auf einem Campingplatz und drei Nächte in einem Hotel verbracht. Ansonsten haben wir immer an "freien" Plätzen gestanden. Auch gekocht haben wir in der Regel selbst. Nicht nur aus Kostengründen, sondern weil es für uns eine willkommene Abwechslung zu den oft vielen Fahrstunden im Ländy darstellte. Also von Luxus, Bedienung und Komfort keine Spur. Stattdessen: spartanische Kücheneinrichtung, schlafen im Dachzelt und duschen unter freiem Himmel – und bei jedem Wetter. Belohnt wird das mit vielen romantischen Abenden an entlegenen Campplätzen und einem puristischen, unabhängigen und freien Lebensgefühl.

Aber zurück zur Geldfrage: Wir veranschlagten aus Erfahrungen während anderer Reisen ungefähr 1.000 Euro pro Kopf und Monat. Am Ende waren es knapp über 800 Euro! Inbegriffen waren alle Kosten, die direkt mit der Reise zu tun hatten, also Treibstoff, Verpflegung, Eintrittsgelder, Visagebühren, Mautgebühren, Reparaturkosten, Fährverbindungen, Telekommunikationskosten und leider auch das Bakschisch an der Grenze zu Iran. Nicht eingerechnet sind die individuellen Kosten pro Person, wie z.B. Krankenversicherungen oder andere laufende Kosten zuhause.

800 Euro im Monat ist nicht sonderlich viel, dennoch muss man auch diese haben. Hier hatten wir schlichtweg vorher gespart und auf andere Dinge verzichtet.

"Und wie macht ihr das mit dem Job?"
Diese Frage folgt gleich auf Platz 2.
Viele Vorstellungen der Menschen sind geprägt von dem bei uns vorherrschenden Wertesystem, bestehend aus der Anhäufung materieller Dinge, insbesondere Konsum- und Luxusgüter, die ein hohes Maß an vermeintlicher Sicherheit liefern und der Etablierung innerhalb der Gesellschaft dienen.

Dass der eine für das "Hirngespenst" einer langen Reise seinen sicheren, langjährigen Job bei einem öffentlichen Arbeitgeber opfert und der andere das ohnehin wackelige Dasein einer Selbstständigkeit riskiert, war auch für viele in unserem Bekanntenkreis nicht gleich verständlich. Die Reaktionen reichten von Unverständnis bis hin zur Bewunderung, wobei wir hier ein deutliches Gefälle parallel zum Alter der Leute bemerkten. Insbesondere junge Leute reagierten oft mit Zuspruch und Anerkennung.

Um eine solche Reise möglich zu machen, steht im Kern aller Fragen eigentlich das Setzen von Prioritäten, also auch der akzeptierte Verzicht auf gewisse Dinge oder der Verlust von Privilegien. Wie schon erwähnt, hatte Anja ihren Job gekündigt, eigentlich war das ja erst der Anstoß gewesen, zeitnah und so wenig vorbereitet aufzubrechen. Ihr Plan war es, sich nach der Rückkehr einfach einen neuen zu suchen.

Ich bin selbstständig und war außerdem zum Zeitpunkt des Aufbruchs "nebenbei" noch Student. Mein Geschäft besteht immer aus einzelnen Projekten und erlaubt es somit, eine Lücke zwischen zwei Projekte zu schieben. Das funktioniert gut. Mein Studienplatz wurde mir allerdings während meiner Abwesenheit durch einen Formfehler meinerseits genommen. Schade!

"Und woher kommt ihr?" , "Wo geht es danach hin?"

Während die erste Frage natürlich rasch und eindeutig beantwortet war, wurde die Erklärung auf die zweite während unseres Reiseverlaufs vollkommen unklar. Alles hing von den Visa ab, die wir für das Folgeland organisieren mussten und die somit den weiteren Reiseverlauf bestimmten.

Zunächst hatten wir zuhause vorgehabt, uns für eine eindeutige Reiseroute zu entscheiden und gleich die entsprechenden Visa zu besorgen. Zu groß schien uns allerdings die Geißelung durch den dann vorgegebenen Zeitplan und die daraus resultierende Unfreiheit, an einem besonders schönen Platz nicht länger bleiben zu können oder die Route sogar ganz zu ändern.

Im Nachhinein war das genau die richtige Entscheidung. Wir hatten nie Schwierigkeiten, das Visum für das Folgeland aufzutreiben. Teilweise brauchte man mehrere Anläufe bei verschiedenen Botschaften, teilweise dauerte es auch mehrere Tage, bis der entsprechende Vermerk in unseren Pässen prangte. Dadurch erhielten wir die Freiheit, uns in alle Richtungen bewegen zu können und uns an keinen vorgegebenen Zeitplan halten zu müssen. Zudem stellte sich bei uns ein vorher nicht beachteter Nebenaspekt ein: Die Visa-"Schnitzeljagd" war eine wichtige Aufgabenstellung und erzeugte einen belebenden Spannungsbogen im Reisealltag.

Reisealltag? Ja richtig, Reisealltag! Auch unterwegs gibt es einen regelrechten Alltag, bestimmt durch wiederkehrende Fragestellungen und Aufgabenteilungen. Wer glaubt, dass man als Overlander von einem atemberaubenden Hotspot zum nächsten düst und sich von Abenteuer zu Abenteuer hangelt, sei gewarnt: Dem ist nicht so. Natürlich sammelt man eine Vielzahl an Erfahrungen, hat interessante Begegnungen und unvergessliche Erlebnisse.

Dazwischen gibt es aber auch Tage, die durchaus langweilig sind und solche, an denen die Stimmung auch mal schlecht sein kann. Außerdem hat man faktisch nichts zu tun als die wenige Ausrüstung in Schuss zu halten, sich mit genügend Proviant einzudecken und nach schönen und sicheren Campplätzen und sonstigen Attraktionen oder Sehenswürdigkeiten Ausschau zu halten. Aber genau dieser Umstand der vielen freien Zeit ist es, der die Möglichkeit bietet, seine Umgebung intensiv zu erleben und seine Gedanken zu ordnen, vielleicht sogar sein Leben neu zu überdenken.

Das vertraute Urlaubsfeeling, das man von den üblichen drei Wochen Ferien kennt, gibt es in dieser Art nicht auf einer Langzeitreise. Das hat mit dem Zeitfaktor zu tun. Da man bei den kurzen Urlaubsaufenthalten von vornherein genau weiß, dass diese kostbare Zeit sehr begrenzt ist und man am Tag der Anreise schon im Auge hat, wann man wieder im Büro sitzen wird, versucht der Urlauber, das Maximum an Entspannung und Erleben herauszuholen.

Bei uns war das anders. Nach einer kurzen, vielleicht vierwöchigen Eingewöhnungsphase, quasi dem Einfinden in den Langzeitreisezustand, empfanden wir den Kurswechsel als angenehme Herausforderung und Abwechslung. Die Ungewissheit über den weiteren Reiseverlauf ließ uns Alternativpläne schmieden und Kreativität in der Problemlösung entwickeln.

Fazit: Wir würden es genauso wieder machen.

Die Frage nach der Angst

"Habt ihr keine Angst, überfallen zu werden?" oder "Iran? Habt ihr denn da keine Angst?"

Zu schreiben, wir hätten nie Angst gehabt, wäre vermessen und nicht wahr.

Tatsächlich aber gab es unterwegs keine wirklich gefährlichen Situationen. Vielmehr war es vielleicht die Unwissenheit über das Unbekannte, was uns manchmal verunsicherte. Letztlich sind auch wir mit der gleichen Vorprägung über die bereisten Länder zuhause gestartet, wie sie Millionen anderer deutscher Bundesbürger aus den Medien erfahren. Wir hatten uns vorab, insbesondere aus Zeitmangel, nicht besonders intensiv über Politik und Gesellschaft der Zielländer informiert, über Oman wussten wir beispielsweise faktisch nichts.

Aber man muss bedenken, dass eine solche Reise langsam verläuft. Kilometer für Kilometer fährt der Reisende in eine Richtung und die Dinge, Menschen und Landschaften um ihn herum verändern sich nur allmählich. Wir hatten genügend Zeit, uns zu akklimatisieren und uns mit unserem Umfeld zu synchronisieren. Eine Gewöhnung an die Andersartigkeit findet ganz automatisch statt.

Diese Gewöhnung, aber auch die vielen positiven Erlebnisse, und die großartige, teilweise wirklich selbstlose Gastfreundschaft, gerade in Iran, ließen uns positiv und zuversichtlich nach vorne schauen und im Nachhinein über die eigenen, alten Vorurteile schmunzeln. Ein gesunder Spritzer Optimismus und der Glaube daran, dass die Menschen grundsätzlich nicht böse sind, hat uns voran getrieben.

Trotzdem sollte man nicht naiv sein. Auch wir waren immer auf der Hut, z.B. standen wir nur selten länger als eine Nacht an ein und demselben Platz und bauten unser Dachzelt immer erst kurz vor Einbruch der Dunkelheit auf. So war nie gleich offensichtlich, dass wir dort auch morgen früh noch anzutreffen und vielleicht auszurauben waren. Jeder im Team sollte sich wohl fühlen. Gab es bei einem von uns Unbehagen oder Argwohn über den gewählten Stellplatz, suchten wir weiter. Wir mieden große

Menschenansammlungen, besuchten Märkte und Basare immer zusammen und traten unserem Gegenüber mit einer zurückhaltenden, freundlichen Offenheit entgegen, gemischt mit einem Schuss Selbstbewusstsein und immer bemüht, zumindest einige Brocken der Landessprache zu sprechen.

Der Allradantrieb unseres Land Rovers bescherte uns die Möglichkeit, besonders schöne und einsame Stellplätze ansteuern zu können. Gezielt machten wir uns im Verlauf des späten Nachmittags auf die Suche nach ungestörten Plätzen irgendwo in der Wildnis. Das war uns wichtig, schließlich hatten wir keinen Rückzugsort im Fahrzeug, unser gesamtes "Feierabend-Programm" wie kochen, duschen, etc. fand draußen statt. Meist waren diese Plätze bei Dunkelheit gar nicht zu erreichen und wenn, dann eben nur mit einem geeigneten Gefährt oder zu Fuß. An solchen Orten hatten wir nie Schwierigkeiten. Es waren eher die Nachtquartiere in der Nähe von Ortschaften oder auf Parkplätzen, die für eine unruhige Nacht sorgten. Wir würden für eine weitere Reise wieder ein allradgetriebenes Fahrzeug wählen. Zu großartig waren die Möglichkeiten.

"Und, vertragt ihr euch?"

Eine Frage, die so ähnlich bereits kurz nach unserer Abreise per E-Mail eintrudelte. Wir haben uns vertragen! Aber selbstverständlich ist das nicht – und das sollte jedem bewusst sein, der von einer solchen Unternehmung träumt und sie nicht allein durchführen will.

Ob ein Team, egal ob als Paar oder als Freunde, gut funktioniert ist sicher ganz individuell zu betrachten. Es sind oft ganz individuelle Dinge, die dabei eine Rolle spielen, mindestens so individuell wie die Charaktere, die an der Reise teilnehmen.

Objektiv betrachten kann man hingegen die Rahmenbedingungen, die alle Reisenden betreffen. Wenn man zu zweit in einem Fahrzeug eine Langzeitreise unternimmt und dabei fremde Länder bereist, dann ist man zwangsläufig so gut wie ununterbrochen zusammen. Nicht nur das, der Reisepartner ist auch oft, nicht zuletzt wegen der Sprachbarriere in den bereisten Ländern, der einzige Gesprächspartner über lange Perioden. Ich schätze, dass Anja und ich auf der gesamten Reise vielleicht maximal für zehn bis zwölf Stunden nicht zusammen waren. Hinzu kommt, dass es keine Rückzugsräume gibt, damit schwindet auch jede Privatsphäre und jedes Geheimnis. Die Umgebung ist fremd, die Landschaft, die Menschen, die Kultur … einfach alles. Treten Unstimmigkeiten auf oder gibt es gar Ärger, ist es wichtig, dass die Probleme sofort besprochen und bereinigt werden. Es gibt keinen Freiraum, weder räumlich noch zeitlich, in den man fliehen kann, um das Problem allein zu bewältigen oder auszusitzen. Auch sollte man versuchen, sich auf seinen Reisegefährten einzustellen und sich ohne Scham über seine Gefühlslage auszutauschen, bevor schlechte Laune zum Dauerzustand wird und die Stimmung kippt. Reist man hingegen stumm nebeneinander weiter und staut den Frust auf, kann das schnell zu einer explosiven Situation führen.

Ganz wichtig finde ich, dass man über seine Träume spricht und die Erwartungen an die geplante Reise im Vorfeld abgleicht. Sonst kann es sein, dass die ersten Probleme aufgrund vollkommen unterschiedlicher Herangehensweisen schnell mit an Bord sind. Mittelfristig kann nur ein ausgewogenes, harmonierendes Team bestehen, ohne egoistisches Übergewicht eines Teilnehmers.

Abschließend steht fest, dass uns all die großartigen Erlebnisse, aber auch die Probleme und der Ärger an den Grenzübergängen eng zusammen geschweißt haben und uns Erfahrungen bescherten, von denen wir auch im Alltag gemeinsam zehren können.

"Habt ihr euch wieder gut eingelebt?"

Eine nett gemeinte Floskel, die uns, gerade erst zuhause eingetroffen, oft entgegen gebracht wurde.

Ich weiß nicht, wie viele Reiseerzählungen und Abenteuerberichte ich seit meiner Kindheit gelesen und wie viele Multivisions- und Diavorträge ich verschlungen habe. Mit einer Frage fühlte ich mich danach immer im Stich gelassen: Und was machen die jetzt? Kann man sein altes Leben zuhause im dritten Stock des Mehrfamilienhauses einfach so nach all den Erlebnissen wieder aufgreifen? Einfach so, wie nach einem Urlaub? Zu unglaublich und spektakulär waren die Berichte oft, als dass ich mir vorstellen konnte, dass die Protagonisten wieder "einfach so" in die Normalität zurückkehren konnten. Vor unserer Tour habe ich mich oft gefragt, ob eine solche Reise wirklich grundlegend verändert oder ob der einmal gekostete Duft der Freiheit und Weite dem Heimkehrer die Möglichkeit nimmt, zuhause wieder zufrieden leben zu können.

Umso neugieriger war ich auf unser eigenes Empfinden, als wir nach beinahe acht Monaten und fast 34.000 Kilometern wieder zuhause ankamen.

Ein handgemaltes "Herzlich Willkommen"-Plakat wehte im Wind vor unserer Haustüre. Wir freuten uns, unsere Freunde, Familien und unseren Hund wiederzusehen. Wir freuten uns auf ein gutes Bett und eine ausgiebige, heiße Dusche. Wir freuten uns, altbekannte Wege zu gehen und in der Stammkneipe ein gewohnt leckeres Bier zu trinken.

Unsere Reise erschien mir zunächst wie ein dickes Buch, das ich zu Ende gelesen hatte, zuklappte und nun ins Regal stellte. Wie mit dem Inhalt eines solchen Wälzers verhielt es sich auch mit unserer Tour. Der Inhalt erschloss sich mir erst langsam und bruchstückhaft. Alles was wir gesehen, gelernt und erlebt hatten, brauchte seine Zeit, um begriffen zu werden und im Bewusstsein anzukommen.

Auch für die Freunde um uns herum war es scheinbar oftmals ähnlich.

"Und, wie war´s?"

Nachdem wir versuchten, eine solche Frage mit der Schilderung irgendwelcher Highlights zu beantworten, als wären wir zehn Tage auf Mallorca gewesen, war für unser Umfeld die Reise damit abgeschlossen. Schnell wurde uns erzählt, was zuhause so alles passiert war, wo neue Windräder gebaut wurden und wer in der Zwischenzeit gestorben war. Wir waren wieder da, Gott sei Dank auch gesund, und nun konnte das "normale" Leben wieder weitergehen. Oder?

Zunächst war das sogar so. Wir hatten Spaß daran, neue und alte Dinge wieder anzupacken. Es verging nur wenig Zeit, bis wir merkten, dass es uns irgendwie schwerfiel, wieder so richtig Fuß zu fassen, wir kamen nicht so richtig zuhause an. Viele Dinge stören uns nun deutlich mehr als vor der Tour. Dinge, die man vorher schon bemerkt hatte, aber denen man kaum Bedeutung zukommen ließ. Es ist beispielsweise der engstirnige Zwist zwischen Nachbarn, in dem es um winzige Banalitäten geht, es ist diese grundlos unzufriedene, oftmals unfreundliche Art vieler Leute um uns herum, es ist dieser Wettlauf, noch mehr Geld zu verdienen, ein noch dickeres, moderneres Auto zu fahren, der Egoismus und der Neid vieler Menschen, es ist die oft sehr einseitige Berichterstattung der Medien über Situationen oder Umstände, die wir umfassender sehen durften. Es fühlt sich für uns an, als passen wir da nicht rein.

Es ist aber auch die Gewissheit, dass dies vermutlich nicht die letzte große Reise war, die uns daran hindert, sich wieder so richtig zuhause niederzulassen und wohlzufühlen. Denn im Fokus steht ein möglicher, neuer Abreisetermin und mögliche neue Ziele. Dass diese Einstellung bedenkliche Auswirkungen hat auf alles, was man zuhause tut, ist klar – man befindet sich auf dem Sprung. Das hat Auswirkungen auf Beziehungen, auf das Engagement im Job und natürlich auf alle langfristigen Planungen. Vermutlich besteht hierin die wirklich gefährliche Seite des Fernreisevirus.

Von anderen Travellern wissen wir, dass wir da kein Einzelfall sind, vielmehr geht es den allermeisten nicht anders. Ein Pärchen, das wir unterwegs getroffen hatten, ist nur ein knappes Jahr später erneut aufgebrochen – jetzt mit dem zwischenzeitlich geborenen Kind.

Das ist das Risiko, das besteht, wenn man seinem Fernweh nachgibt und das mir so gar nicht bewusst war. Aber was gibt es Schöneres, als von einer neuen Reise zu träumen?

Zahlen & Fakten

Reisezeitraum:
09. August 2013 bis 24. März 2014

Reisedauer:
225 Tage

Be- oder durchreiste Länder/Reiseroute:
Deutschland, Polen, Slowakei, Tschechien, Ungarn, Rumänien, Bulgarien, Türkei, Iran, Vereinigte Arabische Emirate (VAE), Oman, Saudi Arabien, Jordanien, Israel/Palästina, Griechenland, Albanien, Montenegro, Kroatien, Bosnien Herzegowina, Slowenien, Österreich

Gefahrene Kilometer (ohne Fährverbindungen):
34.117 km

Durchschnittliche Tagesetappe:
151,63 km

Längste Tagesetappe:
697 km, 13.02.14, Teildurchquerung Saudi Arabiens

Kürzeste Tagesetappe:
9 km, 05.02.14, von Wadi Tiwi nach Wadi Shab, Oman

Gesamtreisekosten:
12.378,00 Euro

Durchschnittliche Reisekosten pro Tag und Kopf:
27,51 Euro

Fahrzeug:
Land Rover Defender 90, Baujahr 1993, Kilometerstand bei Abreise: 289.328 km

Veränderungen/Modifikationen:
Das Fahrzeug wurde vor der Reise vollkommen neu aufgebaut und restauriert. Am Motor wurde allerdings nichts erneuert, auch das Getriebe war das alte. Die Achsen wurden neu gelagert und abgedichtet, genauso wie das Verteilergetriebe. Die Hinterachse erhielt eine automatische Differentialsperre. Alle Verschleißteile waren neu.
Wir hatten während der Reise – abgesehen von den Bremsscheiben und der geborstenen Bremsleitung – keine nennenswerten technischen Defekte, nicht einmal einen platten Reifen.

Reisetechnische Ausstattung:
- Webasto Luftstandheizung
- 100Wp Solarpanel
- 100Ah Zusatzbatterie
- no name-Dachzelt, das sich sehr gut geschlagen hat
- 22 l Kompressorkühlbox
- 3 x 16 l Wasserkanister mit Tauchpumpe und Brausekopf, plus 12V-Tauchsieder für die warme Dusche
- 150W Wechselrichter zur Ladung verschiedener Geräte (reine Sinusspannung, unbedingt empfehlenswert)
- fest eingebaute Küchenschublade und Staufächer

- Kleidung und weiteres Zubehör wurden in Kunststoff-Staubo-
  xen mit Deckel untergebracht

Notfall/Selbsthilfe:
- 1 x Reservekanister für Wasser (selten benutzt)
- 2 x 20 l Reservekanister Diesel (den zweiten fast nie benutzt)
- umfangreiches Bordwerkzeug mit kleinem Schrauben- und
  Elektriksortiment sowie einer kleinen Fettpresse
- verschiedene kleinere Ersatzteile, wie Kreuzgelenk, Gleichlauf-
  gelenk der Vorderachse, Lichtmaschinenregler, Keilriemen …
- jeweils eine kleine Menge aller Betriebsflüssigkeiten nebst
  Dichtmasse
- 2 Sandbleche (waren sehr nützlich)
- je einen kurzen (3 m) und einen langen (9 m) Bergegurt nebst
  mehreren Schäkeln
- 5t-Hydraulikwagenheber, High Lift Jack (nicht empfehlenswert, weil zu schwer und sperrig und dazu gefährlich)
- Spaten und eine Axt (nie gebraucht)
- Feuerlöscher
- umfangreicher Verbandskasten mit Medikamenten gegen Fie-
  ber, Schmerzen, Darminfekten und Durchfall, entzündungs-
  hemmende Salben, Breitband-Antibiotika